KB207876

한 권으로 일본어 문법 기초 완성하기!

착! 붙는
일본어
문법

저자 **장재은**

시사일본어사

머리말

　교육 현장에서 일본어를 가르치다 보면 일본어를 잘 구사하는 학생들을 자주 봅니다. 재미있게도 일본 영화나 애니메이션, 게임을 하다가 자연스럽게 일본어를 하게 된 학생들이 대부분입니다. 대화를 해 보면 회화체 일본어로 아주 유창하게 말합니다. 본인이 좋아하는 것을 즐기다 보니 어느새 일본어를 잘하게 된 행운아지요. 그러나 생략과 축약이 빈번하게 일어나는 회화체 일본어를 구사하는 많은 학생들의 경우, 문법적으로 옳지 않은 표현을 사용하는 것이 습관이 되어 쉽게 고치지 못하기도 합니다.

　일본어 문법 공부는 사소한 문법적 오류를 최소화하고, 다양하고 복잡한 문장 구조를 구사할 수 있도록 도움을 줍니다. 이 책은 고등학교에서 지난 15년간, 일본어 문법을 가르치면서 수업 중에 사용한 예문과 설명, 자료를 정리한 것입니다. 더불어 초급자가 일본어 문법을 어떻게, 어느 수준까지 공부해야 하는지에 대한 고민이 담겨 있습니다.

- 일상적인 일본어를 구사하기 위한 기본적인 문법을 모두 다루고 있습니다.
- 중요한 내용만을 간결하게 제시하여 이해하기 쉽습니다.
- 사용 빈도가 높은 어휘를 반복적으로 사용하며, 한자어는 교재 중반부터 조금씩 다루기 시작하므로 한자 학습에 대한 부담이 적습니다.
- 문제를 풀어보면서 이해한 내용을 확인합니다.
- 학습한 내용이 실제로 어떻게 사용되는지 확인할 수 있습니다.

    일본어를 처음 접하거나 기본적인 내용을 학습한 분들뿐 아니라 일본어 문법 전체를 간단하게 정리하고자 하는 분들에게 이 책이 도움이 되기를 진심으로 바랍니다.

    마지막으로 이 책이 개정, 출판될 수 있도록 애써 주신 편집자님, 고마운 부모님, 사랑하는 남편과 두 아이에게 감사의 마음을 전합니다.

2024년 가을, 서재에서

장 재 은

목차

✳ 이 책의 구성 및 활용

간단한 워밍업 문제를 통해서 해당 UNIT에서 배울 내용을 알아봅니다.

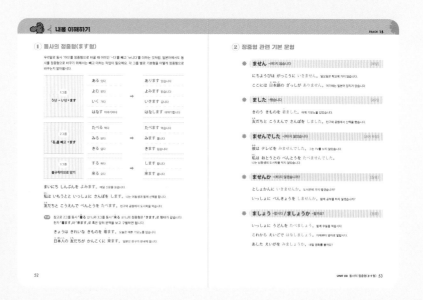

내용 이해하기

핵심이 되는 문법을 간단하면서도 쉽게 설명했습니다. 예문을 통해서 실제로 어떻게 사용되는지도 알 수 있습니다.

확인해 보자

직접 문제를 풀어 보며 학습한 문법을 확인하고 연습할 수 있습니다.

특히 문제1은 JLPT와 유사한 문제 형식으로 N4, N5 레벨의 문법 파트에 대한 기초 다지기로 활용할 수 있습니다.

어떻게 쓰일까?

학습한 내용이 실제로 회화 장면에서는 어떻게 사용되는지 익힐 수 있습니다.

어휘력UP!

내용 이해하기에서 학습한 내용과 관련하여 추가로 알아두면 좋은 어휘와 문법 표현을 학습할 수 있어 더욱 풍부한 일본어 표현을 익힐 수 있습니다.

틀리기 쉬운 일본어

헷갈리기 쉬운 표현, 잘못 사용하기 쉬워 주의가 필요한 표현을 정리하여 보다 자연스러운 일본어를 익힐 수 있습니다.

7

명사

빈칸에 공통으로 들어갈 단어를 보기에서 고르세요.

나는 _____ 이다.
너는 _____ 이었다.
나는 _____ 이고, 너는 _____ 이 아니다.

보기 먹은   깨끗한   학생   맛있는

해설

빈칸에 들어갈 단어는 '학생', 즉 '명사'예요.

명사는 「はな 꽃」 「かばん 가방」 「にほんじん 일본인」 등과 같이 사람이나 사물, 장소 등의 이름을 나타냅니다. 명사는 형용사나 동사처럼 모양을 바꾸는 '활용'을 하지 않아요. 하지만 명사 뒤에 '~이다', '~이었다', '~이고', '~이 아니다'와 같은 꼬리를 붙여 다양한 형태로 나타낼 수 있어요.

UNIT 01에서는 명사를 포함한 다양한 형태의 표현에 대해서 알아보겠습니다.

명사(N)의 뒤에 여러 가지 꼬리를 붙여 아래와 같이 다양한 형태로 나타낼 수 있습니다. 일본어는 말이 길수록 정중함을 나타내는 정도가 커지는 경향이 있는데, 명사가 포함된 문장에서도 꼬리가 짧으면 친밀한 상대에게 쓸 수 있는 반말이 되고 꼬리가 길면 정중한 말이 됩니다. 또 명사 뒤에 '~이고'라는 꼬리를 붙여 말을 이어갈 수도 있어요.

① 반말로 말할 때

기본	N＋だ ~이다	ほんだ 책이다
부정	N＋では(じゃ) ない ~이 아니다	ほんでは(じゃ) ない 책이 아니다
과거	N＋だった ~이었다	ほんだった 책이었다
과거 부정	N＋では(じゃ) なかった ~이 아니었다	ほんでは(じゃ) なかった 책이 아니었다

これは かばんだ。 이것은 가방이다.

それは えんぴつでは ない。 그것은 연필이 아니다.

たなかさんは えいごの せんせいだった。 다나카 씨는 영어 선생님이었다.

わたしは にほんごの せんせいじゃ なかった。 나는 일본어 선생님이 아니었다.

TIP 「ない」는 '없다, 아니다'라는 부정의 의미를 갖고 있어요. 명사 뒤에 무엇이 붙는지에 따라 서로 다른 의미가 되니 주의하세요.

> A が ない A가 없다 (존재하지 않음)
> A では(じゃ) ない A가 아니다 (그것이 아니라고 부정함)

ほんが ない。 책이 없다.

ほんでは(じゃ) ない。 책이 아니다.

② 정중하게 말할 때

기본	N + です ~입니다	がくせいです 학생입니다
부정	N + では(じゃ) ないです N + では(じゃ) ありません <small>~이 아닙니다</small>	がくせいでは(じゃ) ないです がくせいでは(じゃ) ありません <small>학생이 아닙니다</small>
과거	N + でした ~이었습니다	がくせいでした 학생이었습니다
과거 부정	N + では(じゃ) なかったです N + では(じゃ) ありません でした <small>~이 아니었습니다</small>	がくせいでは(じゃ) なかったです がくせいでは(じゃ) ありません でした <small>학생이 아니었습니다</small>

これは ともだちの かばんです。 이것은 친구의 가방입니다.

それは かさでは ないです。 그것은 우산이 아닙니다.

かれは にほんじんじゃ ありません。 그는 일본인이 아닙니다.

わたしは せんせいでした。 나는 선생님이었습니다.

きのうは にちようびじゃ なかったです。 어제는 일요일이 아니었습니다.

かのじょは かんこくじんでは ありませんでした。 그녀는 한국인이 아니었습니다.

③ 뒤에 말을 이을 때

기본	N + で ~이고	がくせいで 학생이고

これは ほんで、あれは ざっしです。 이것은 책이고 저것은 잡지입니다.

ちちは いしゃで、ははは せんせいです。 아빠는 의사이고 엄마는 선생님입니다.

わたしは かんこくじんで、かれは にほんじんだ。 나는 한국인이고 그는 일본인이다.

1 괄호 안에 들어갈 말로 자연스러운 것을 고르세요.

(1) これは ほん (　　　　　)。

① で　　　　　② に　　　　　③ だ　　　　　④ が

(2) それは かばん (　　　　　) ないです。

① では　　　　② には　　　　③ とも　　　　④ にて

(3) わたしの えんぴつ (　　　　　)。

① ます　　　　② です　　　　③ あります　　④ ないです

(4) きのうは にちようび (　　　　　)。

① じゃない　　② です　　　　③ なかった　　④ でした

(5) ちちは せんせい (　　　　　) ははは いしゃです。

① で　　　　　② や　　　　　③ から　　　　④ まで

2 우리말을 참고하여 일본어 문장을 완성하세요.

(1) 내일은 휴일이 아닙니다.

あしたは やすみじゃ ＿＿＿＿＿＿＿＿＿＿＿＿＿＿＿。

(2) 이것은 책이고 저것은 잡지입니다.

これは ほん＿＿＿＿＿＿＿＿＿＿＿＿＿、あれは ざっしです。

(3) 스미스 씨는 일본인이 아니었습니다

スミスさんは にほんじんじゃ ＿＿＿＿＿＿＿＿＿＿＿です。

(4) 도쿄까지 비행기로 2시간이었습니다.

とうきょうまで ひこうきで 2じかん ＿＿＿＿＿＿＿＿＿＿＿。

(5) 점심은 12시부터입니다.

ひるごはんは 12じから ＿＿＿＿＿＿＿＿＿＿＿。

3 다음 문장을 일본어로 쓰세요.

(1)　이곳은 서점이 아니다.

_____ 。

(2)　그녀는 한국인이고, 그는 일본인이다.

_____ 。

(3)　다나카 씨는 영어 선생님이었습니다.

_____ 。

(4)　이것은 친구의 가방입니다.

_____ 。

(5)　이것은 일본어 책이 아닙니다.

_____ 。

4 빈칸에 알맞은 말을 넣어 대화를 완성해 보세요.

A　はじめまして。たなか りえ ① _____ 。

B　キム・イノです。かんこくじん ② _____ 、がくせいです。

　　よろしく おねがいします。

✳ 명사가 포함된 예문을 살펴봅시다. ─────────────

> あきさんの おとうとさんですか。
> 아키 씨의 남동생이에요?

> いいえ、おとうとでは ありません。
> いもうとです。ちゅうがく 1ねんせいです。
> 아뇨, 남동생이 아니에요.
> 여동생이에요. 중학교 1학년이에요.

✳ 어휘력 UP! ─────────────

명사에는 사물의 이름을 나타내는 「かばん 가방」 「ほん 책」 등과 달리, 「こと」나 「もの」와 같은 실질적인 의미가 없는 형식적인 명사도 있어요. 본래의 의미가 희미하기 때문에 보통 히라가나로 씁니다.

「こと」는 「とうきょうに いった ことが ある 도쿄에 간 적이 있다」와 같이 행위, 현상 등을 나타내는 반면, 「もの」는 「こどもは はやく ねるものだ 어린이는 일찍 자야 한다」 「じかんは はやいものだ 시간이 참 빠르구나」처럼 상식, 감회 등을 나타낼 때 사용합니다.

조사

다음 문장에서 이상한 점을 찾아보세요.

> 1 나 선생님 친구 집 있습니다.
>
> 2 나 형 친구 있습니다.

 해설

위 문장은 대강 무슨 말인지 알겠지만 정확히 누가 어디에 있다는 것인지 명확하지 않아요. 그 이유는 '조사'가 빠져있기 때문입니다.

조사는 단어들을 연결하고 단어와 단어 사이의 관계를 나타냅니다. 단어의 의미를 알고 있어도 조사를 모르면 문장으로 완성시키기 어려워요. 위 문장에 조사를 추가하면 다음과 같이 다양한 문장이 됩니다.

1 ① 나는 선생님과 친구의 집에 있습니다.
　② 나는 선생님과 친구와 집에 있습니다.
2 ① 나의 형은 친구와 있습니다.
　② 나의 형은 친구가 있습니다.

UNIT 02에서는 사용 빈도가 높은 일본어 조사에 대해서 알아보겠습니다.

✳ **は** ~은/는

わたしは がくせいです。 나는 학생입니다.

✳ **が** ① ~이/가 ② ~지만

① かばんが ある。 가방이 있다.

② すみませんが、あしたは ちょっと……。 미안합니다만, 내일은 좀…….

✳ **か** ~(니)까?

かれは かんこくじんですか。 그는 한국인입니까?

✳ **を** ~을/를

ほんを よむ。 책을 읽는다.

✳ **の** ① ~의 ② ~의 것

① これは せんせいの かばんです。 이것은 선생님의 가방입니다.

② その ほんは わたしのです。 그 책은 내 것입니다.

✳ **と** ① ~와/과 ② ~(이)라고

① ほんと かさが ある。 책과 우산이 있다.

② はじめまして。ハナと いいます。 처음 뵙겠습니다. 하나라고 합니다.

✳ **で** ① (장소)에서 ② (수단)으로 ③ (원인·이유)로

① これは デパートで かいました。 이것은 백화점에서 샀습니다.

② いえまで バスで いく。 집까지 버스로 간다.

③ びょうきで バイトを やすむ。 병으로 아르바이트를 쉰다.

❋ **に** ① (장소)에 ② (시간)에 ③ (대상)에게

① ここに かさが ある。 여기에 우산이 있다.

② あさ 6時に おきる。 아침 6시에 일어난다.

③ きむらさんに はなを あげる。 기무라 씨에게 꽃을 준다.

❋ **へ** ① (방향)으로 ② (대상)에게

① ちかてつで がっこうへ いく。 지하철로 학교에 간다.

② ともだちへの プレゼントです。 친구에게 보내는 선물입니다.

❋ **も** ~도

よしださんも いしゃですか。 요시다 씨도 의사입니까?

❋ **から** ① ~에서, 부터 (시간·장소) ② ~때문에

① にほんから きました。 일본에서 왔습니다.

　 ごごから あめが ふる。 오후부터 비가 온다.

② あした テストが あるから、べんきょうする。 내일 시험이 있어서 공부한다.

TIP 정중한 느낌의 「ので」로 바꾸어 쓸 수 있어요.

　 じかんが ないので、はやく おねがいします。 시간이 별로 없어서 빨리 부탁합니다.

❋ **まで** ~까지(행위의 지속) / **までに** ~까지(기한)

① 6時から 8時まで しゅくだいを した。 6시부터 8시까지 숙제를 했다.

② 8時までに かえる こと。 8시까지 돌아올 것.

1 괄호 안에 들어갈 말로 자연스러운 것을 고르세요.

(1) あさ 7時^{しちじ}(　　　　　) おきる。

① は　　　　　② で　　　　　③ も　　　　　④ に

(2) ともだち (　　　　　) えいがを みる。

① を　　　　　② と　　　　　③ に　　　　　④ へ

(3) わたし (　　　　　) だいがくせいです。

① は　　　　　② へ　　　　　③ で　　　　　④ に

(4) これは デパート (　　　　　) かいました。

① に　　　　　② で　　　　　③ が　　　　　④ も

(5) その スマホは わたし (　　　　　) です。

① の　　　　　② と　　　　　③ も　　　　　④ は

2 우리말을 참고하여 일본어 문장을 완성하세요.

(1) 오후부터 비가 온다.

ごご＿＿＿＿＿＿＿ あめが ふる。

(2) 요시다 씨도 의사입니다.

よしださん＿＿＿＿＿＿＿ いしゃです。

(3) 지하철로 학교에 간다.

ちかてつで がっこう＿＿＿＿＿＿＿ いく。

(4) 친구의 생일 선물을 샀습니다.

ともだちの たんじょうび プレゼント＿＿＿＿＿＿＿ かいました。

(5) 내일 시험이 있어서 공부한다.

あした テストが ある＿＿＿＿＿＿＿ べんきょうする。

3 다음 문장을 일본어로 쓰세요.

(1) 나는 매일 밤 책을 읽는다.

_____。

(2) 그녀에게 꽃을 준다.

_____。

(3) 처음 뵙겠습니다. 기무라라고 합니다.

_____。

(4) 책상 위에 가방이 있다.

_____。

(5) 저는 일본에서 왔습니다.

_____。

4 빈칸에 알맞은 조사를 넣어 대화를 완성해 보세요.

A はじめまして。あやか ①＿＿＿＿ いいます。

B わたし ②＿＿＿＿ ミナです。かんこく ③＿＿＿＿ きました。

A よろしく おねがいします。

✴ 조사가 포함된 예문을 살펴봅시다. ─────────────────

こんどの どようび、なにを しますか。
이번 토요일에 무엇을 하나요?

えきまえの こうえんで いぬと
さんぽを する つもりです。
역 앞 공원에서 개와 산책을 할 예정이에요.

✴ 명사가 포함된 예문을 살펴봅시다. ─────────────────

조사 「に」와 「で」는 장소에 붙는다는 점은 같지만 다른 점도 있어요. 「に」는 이동해서 도착하는 장소 뒤에, 「で」는 무언가가 동작을 하는 장소 뒤에 붙습니다. 「がっこうに いって、きょうしつで べんきょうを する 학교에 가서 교실에서 공부한다」와 같이 학교는 이동해서 도착하는 장소이고 교실은 공부하는 장소인 것이지요.

※ 조수사

사물 (~개)	사람 (~명)	컵·그릇 (~잔)	얇은 물건 (~장)	층 (~층)	긴 물건 (~병·~자루)
ひとつ 一つ	ひとり 一人	いっぱい 一杯	いちまい 一枚	いっかい 一階	いっぽん 一本
ふたつ 二つ	ふたり 二人	にはい 二杯	にまい 二枚	にかい 二階	にほん 二本
みっつ 三つ	さんにん 三人	さんばい 三杯	さんまい 三枚	さんがい 三階	さんぼん 三本
よっつ 四つ	よにん 四人	よんはい 四杯	よんまい 四枚	よんかい 四階	よんほん 四本
いつつ 五つ	ごにん 五人	ごはい 五杯	ごまい 五枚	ごかい 五階	ごほん 五本
むっつ 六つ	ろくにん 六人	ろっぱい 六杯	ろくまい 六枚	ろっかい 六階	ろっぽん 六本
ななつ 七つ	ななにん・しちにん 七人	ななはい 七杯	ななまい・しちまい 七枚	ななかい 七階	ななほん 七本
やっつ 八つ	はちにん 八人	はっぱい 八杯	はちまい 八枚	はっかい・はちかい 八階	はっぽん・はちほん 八本
ここのつ 九つ	きゅうにん 九人	きゅうはい 九杯	きゅうまい 九枚	きゅうかい 九階	きゅうほん 九本
とお 十	じゅうにん 十人	じゅっぱい 十杯	じゅうまい 十枚	じゅっかい 十階	じゅっぽん 十本
いくつ	なんにん 何人	なんばい 何杯	なんまい 何枚	なんがい 何階	なんぼん 何本

※ 형용사 기본 활용표

● い형용사

기본형	정중형	부정형	과거형	과거 부정형
やすい 安い 저렴하다	やすい 安いです 저렴합니다	やすい 安くない 저렴하지 않다	やすい 安かった 저렴했다	やすい 安くなかった 저렴하지 않았다
おおきい 大きい 크다	おおきい 大きいです 큽니다	おおきい 大きくない 크지 않다	おおきい 大きかった 컸다	おおきい 大きくなかった 크지 않았다
たのしい 楽しい 즐겁다	たのしい 楽しいです 즐겁습니다	たのしい 楽しくない 즐겁지 않다	たのしい 楽しかった 즐거웠다	たのしい 楽しくなかった 즐겁지 않았다

● な형용사 (では=じゃ)

기본형	정중형	부정형	과거형	과거 부정형
すき 好きだ 좋아하다	すき 好きです 좋아합니다	すき 好きではない 좋아하지 않다	すき 好きだった 좋아했다	すき 好きではなかった 좋아하지 않았다
きらい 嫌いだ 싫어하다	きらい 嫌いです 싫어합니다	きらい 嫌いではない 싫어하지 않다	きらい 嫌いだった 싫어했다	きらい 嫌いではなかった 싫어하지 않았다
げんき 元気だ 건강하다	げんき 元気です 건강합니다	げんき 元気ではない 건강하지 않다	げんき 元気だった 건강했다	げんき 元気ではなかった 건강하지 않았다

※ 동사 기본 활용표

기본형	정중형(ます형) ~입니다	부정형(ない형) ~지 않다	연결형(て형) ~하고/~해서	과거형(た형) ~했다	가정형 ~하면/~라면	의지형 ~해야지/~하자
1그룹 동사 기본형	う단→い단+ます	う단→あ단+ない	う단에 따라 활용	う단에 따라 활용	う단→え단+ば	う단→お단+う
会う 만나다	会います 만납니다	会わない 만나지 않다	会って 만나고/만나서	会った 만났다	会えば 만나면	会おう 만나야지/만나자
書く 쓰다	書きます 씁니다	書かない 쓰지 않다	書いて 쓰고/써서	書いた 썼다	書けば 쓰면	書こう 써야지/쓰자
飲む 마시다	飲みます 마십니다	飲まない 마시지 않다	飲んで 마시고/마셔서	飲んだ 마셨다	飲めば 마시면	飲もう 마셔야지/마시자
行く 가다	行きます 갑니다	行かない 가지 않다	行って (예외) 가고/가서	行った (예외) 갔다	行けば 가면	行こう 가야지/가자

연결형 활용 예:
- うつる → って
- くく → いて
- ぬぶむ → んで
- (예외) 行く → 行って

과거형 활용 예:
- うつる → った
- くく → いた
- ぬぶむ → んだ
- (예외) 行く → 行った

기본형	정중형	부정형	연결형	과거형	가정형	의지형
2그룹 동사 기본형	る→ます	る→ない	る→て	る→た	る→れば	る→よう
見る 보다	見ます 봅니다	見ない 보지 않다	見て 보고/봐서	見た 봤다	見れば 보면	見よう 봐야지/보자
食べる 먹다	食べます 먹습니다	食べない 먹지 않다	食べて 먹고/먹어서	食べた 먹었다	食べれば 먹으면	食べよう 먹어야지/먹자

기본형	정중형	부정형	연결형	과거형	가정형	의지형
3그룹 동사 (불규칙)						
する 하다	します 합니다	しない 하지 않다	して 하고/해서	した 했다	すれば 하면	しよう 해야지/하자
来る 오다	来ます 옵니다	来ない 오지 않다	来て 오고/와서	来た 왔다	来れば 오면	来よう 와야지/오자

※ 예외 1그룹 동사 : 동사의 형태는 2그룹이지만 1그룹으로 활용하는 동사 ((예)帰る 돌아가(오)십니다. 「入る 들어가(오)십니다.」 「知る 알다」등)

UNIT
03

존재 및
지시 표현

다음 두 문장은 어떤 차이가 있을까요?

> 1 **ほんが　ある。** 책이 있다.
> ___
> 2 **こどもが　いる。** 아이가 있다.

우리말에서는 무엇이든 상관없이 존재를 나타낼 때는 '있다'라고 해요. 그런데 일본어에서는 무엇이 존재하는지에 따라 다른 동사를 사용합니다.

밑줄 친 두 단어는 모두 존재를 나타내는 '있다'라는 의미의 동사입니다. 「ある」는 책과 같은 사물이 있을 때, 「いる」는 아이와 같은 사람이 있을 때 사용한다는 사실을 알 수 있어요.

UNIT 03에서는 존재 표현과 지시 표현에 대해서 알아보겠습니다.

① 존재 표현

일본어로 존재를 나타낼 때는 무엇이 존재하는지에 따라 다른 동사를 사용합니다.

있다	사물·식물·추상적인 일	사람·동물
	ある	いる

はなも ある。 꽃도 있다.

バイトが ある。 아르바이트가 있다.

もりさんが いる。 모리 씨가 있다.

いぬと ねこが いる。 개와 고양이가 있다.

「ある」의 부정 표현은 「ない」이고 「いる」의 부정 표현은 「いない」예요.

じかんが ない。 시간이 없다.

へやに ひとが いない。 방에 사람이 없다.

TIP 무언가가 존재하는 장소를 나타낼 때는 조사 「に」를 씁니다.

テーブルの うえに かさが ある。 테이블 위에 우산이 있다.

いま、わたしは へやの なかに いる。 지금 나는 방 안에 있다.

② 지시 표현 こ・そ・あ・ど

우리는 무엇을 가리킬 때 그것이 자신으로부터 얼마나 떨어져 있는지에 따라 가까운 데서 먼 순서대로 '이 것, 그것, 저것'이라고 하며, 줄여서 '이, 그, 저'라고도 하지요. 마찬가지로 일본어로는 「こ・そ・あ」라고 하고, 여기에 「ど」를 포함하여 「こそあど」라고 지시사를 표현합니다. 「こ」는 말하는 사람과 가까운 것, 「そ」는 조금 떨어진 것, 「あ」는 멀리 떨어진 것을 나타낼 때 사용하며, 「ど」는 정해지지 않은 어떤 것을 나타낼 때 사용합니다.

	こ계열	そ계열	あ계열	ど계열
대명사 (사물)	これ 이것	それ 그것	あれ 저것	どれ 어느 것
대명사 (장소)	ここ 여기	そこ 거기	あそこ 저기	どこ 어디
대명사 (방향)	こちら 이쪽	そちら 그쪽	あちら 저쪽	どちら 어느 쪽
명사 수식	この 이	その 그	あの 저	どの 어느
	こんな 이런	そんな 그런	あんな 저런	どんな 어떤
부사	こう 이렇게	そう 그렇게	ああ 저렇게	どう 어떻게

あれは わたしの ほんです。 저것은 나의 책입니다.

そこが うちです。 거기가 우리 집입니다.

この スカート、どうですか? 이 스커트 어때요?

どんな スポーツが すきですか? 어떤 스포츠를 좋아합니까?

TIP 다음과 같이 지시사를 포함한 표현들도 있어요.

きょうは これで。 오늘은 이것으로 (끝낼게요).

これから よろしく。 앞으로 잘 부탁해.

あれこれと かんがえる。 이것저것 생각한다.

ああだこうだと いう。 이렇다 저렇다라고 말한다.

あちらこちらに はなが ある。 여기저기에 꽃이 있다.

1　괄호 안에 들어갈 말로 자연스러운 것을 고르세요.

(1)　にわに いぬと ねこが (　　　　　　)。

　　① いる　　　　　② ある　　　　　③ ない　　　　　④ いないだ

(2)　わたしの かばんは テーブルの うえ (　　　　　　) ある。

　　① で　　　　　　② に　　　　　　③ から　　　　　④ まで

(3)　ゆきさん、いらっしゃい。(　　　　　　) へ どうぞ。

　　① これ　　　　　② この　　　　　③ こんな　　　　④ こちら

(4)　あちらこちらに (　　　　　　) が ある。

　　① いぬ　　　　　② はな　　　　　③ じかん　　　　④ こども

(5)　すみません。とうきょうえきは (　　　　　　) ですか。

　　① こう　　　　　② どこ　　　　　③ あの　　　　　④ そんな

2　우리말을 참고하여 일본어 문장을 완성하세요.

(1)　오늘은 오후부터 아르바이트가 있다.

　　きょうは ごごから バイトが ＿＿＿＿＿＿＿＿。

(2)　밥을 먹을 시간이 없다.

　　ごはんを たべる じかんが ＿＿＿＿＿＿＿＿。

(3)　교실 안에는 아무도 없다.

　　きょうしつの なかには だれも ＿＿＿＿＿＿＿＿。

(4)　저것은 모리 씨의 우산입니다.

　　＿＿＿＿＿＿＿＿ は もりさんの かさです。

(5)　앞으로 잘 부탁해.

　　＿＿＿＿＿＿＿＿ よろしく。

3 다음 문장을 일본어로 쓰세요.

(1) 오늘은 아르바이트가 있다.

_____。

(2) 가방 안에 책과 노트가 있다.

_____。

(3) 이 스커트는 어때요?

_____。

(4) 나는 여동생이 두 명 있다.

_____。

(5) 스즈키 씨는 어떤 스포츠를 좋아합니까?

_____。

4 빈칸에 알맞은 말을 넣어 대화를 완성해 보세요.

A   にほんは しまが いっぱい ①_____ ね。

B   とうきょうは ②_____ に あるの？

A   (손가락으로 지도의 한 곳을 가리키며) とうきょうは ③_____ だよ。

✳ 존재 표현이 포함된 예문을 살펴봅시다. ─────────────

> すみませんが、トイレは どこに ありますか。
> 실례합니다만, 화장실은 어디에 있나요?

> でぐちの ひだりに あります。
> 출구의 왼쪽에 있어요.

✳ 어휘력 UP! ─────────────

먼 것을 가리키는 지시 표현 「あ」에는 특별한 용법이 있어요. 바로 말하는 사람과 듣는 사람이 함께 공유하고 있는 기억에 대해 이야기할 때 쓴다는 거예요. 또한, 혼자서 지나간 과거를 회상할 때도 쓴답니다.

A ひるごはんは どこに いきましょうか。 점심 식사는 어디로 갈까요?

B せんしゅう いった ところは どうですか? 지난주에 갔던 곳은 어때요?

A あ、あそこ、いいですね。 아, 거기 좋아요.

い형용사

빈칸에 들어갈 말을 일본어로 써 보세요.

| 시계가 비싸다 | ➡ | とけいが たかい |

| 비싼 시계 | ➡ | |

'비싸다', '비싼'은 형용사예요. 문장 내에서의 역할이 달라 형태도 다르지요. '비싸다'는 문장의 서술어이며, '비싼'은 뒤에 오는 명사를 수식합니다.

일본어의 형용사는 두 가지인데 그 중 한 가지는 い형용사예요. い형용사의 기본형이 「い」로 끝나기도 하지만, 무엇보다도 명사를 수식할 때 「〜い + 명사」의 형태가 되기 때문에 い형용사라고 합니다.

정답 비싼 시계 ➡ **たかい とけい**

UNIT 04에서는 일본어의 두 형용사 중 하나인 い형용사에 대해서 알아보겠습니다.

① い형용사의 기본형

형용사나 동사는 '어간＋어미'의 형태로 이루어져 있습니다. 어간이란 형태가 바뀌지 않는 앞 부분을, 어미는 활용 시에 형태가 바뀌는 뒷 부분을 말합니다.

어간 ＋ い

おお 大きい 크다	ちい 小さい 작다	おお 多い 많다	すく 少ない 적다
たかい 비싸다/높다	やすい 싸다	あつい 덥다/뜨겁다	さむい 춥다
むずかしい 어렵다	やさしい 쉽다	いい 좋다	わるい 나쁘다, 좋지 않다
たのしい 즐겁다	おもしろい 재미있다	あたらしい 새롭다	おいしい 맛있다

② い형용사의 역할과 형태

서술어	명사 수식
とけいが たかい。 시계가 비싸다	たかい とけい 비싼 시계
この 本は 大きい。 이 책은 크다.	大きい 本 큰 책
すしは おいしい。 초밥은 맛있다.	おいしい すし 맛있는 초밥
てんきが いい。 날씨가 좋다.	いい てんき 좋은 날씨
すうがくは むずかしい。 수학은 어렵다.	むずかしい すうがく 어려운 수학
その ドラマは おもしろい。 그 드라마는 재미있다.	おもしろい ドラマ 재미있는 드라마

③ い형용사의 활용

い형용사를 활용할 때는 어미인 「い」를 떼고 어간에 꼬리를 붙여 다양한 의미를 나타냅니다.

	반말로 말할 때	정중하게 말할 때
기본	たかい 비싸다	たかいです 비쌉니다
부정	たかく ない 비싸지 않다	たかく ないです 비싸지 않습니다 たかく ありません
과거	たかかった 비쌌다	たかかったです 비쌌습니다
과거 부정	たかく なかった 비싸지 않았다	たかく なかったです 비싸지 않았습니다 たかく ありませんでした
연결	たかくて 비싸고, 비싸서	-
부사	たかく (なる) 비싸게 (되다), 비싸(지다)	-

きょうは さむいです。 오늘은 춥습니다.

あの かさは 大きく ない。 저 우산은 크지 않다.

この えいがは おもしろく ありません。 이 영화는 재미있지 않습니다.

テストは むずかしかった。 시험은 어려웠다.

きのうは あつく なかった。 어제는 덥지 않았다.

りょこうは たのしく ありませんでした。 여행은 즐겁지 않았습니다.

きが 多くて 花も たくさん ある。 나무가 많고 꽃도 많이 있다.

おいしく なる。 맛있어진다.

한 번에 정리하기!

예외적으로 「いい 좋다」는 정중한 표현을 제외하고 활용할 때 「よい」로 모양을 바꿔서 활용해요.

정중	いいです 좋습니다	부정 과거	よく なかった 좋지 않았다
부정	よく ない 좋지 않다	연결	よくて 좋고, 좋아서
과거	よかった 좋았다	부사	よく (なる) 좋게 (되다), 좋아지다

참고로 「よかった」에는 좋지 않은 상황을 걱정했는데 그렇지 않아서 '다행이다'라는 의미도 있어요.

1 괄호 안에 들어갈 말로 자연스러운 것을 고르세요.

(1) あそこの スーパーは とても (　　　　　) です。

① 大^{おお}きい 　② 大^{おお}きく 　③ 大^{おお}きくて 　④ 大^{おお}きくない

(2) きょうは あまり (　　　　　)。

① さむい 　② さむいです 　③ さむくない 　④ さむかったです

(3) この えいがは (　　　　　) ありません。

① おもしろい 　② おもしろく 　③ おもしろくて 　④ おもしろかった

(4) ともだちと (　　　　　) すしを たべました。

① おいしい 　② おいしいです 　③ おいしくて 　④ おいしくなかった

(5) この こうえんは きが (　　　　　) 花^{はな}も たくさん ある。

① おおい 　② おおくて 　③ おおかった 　④ おおくない

2 우리말을 참고하여 일본어 문장을 완성하세요.

(1) 오늘은 날씨가 좋습니다.

きょうは てんきが ＿＿＿＿＿＿＿＿＿＿＿＿＿＿＿。

(2) 이 가방은 비싸지 않았습니다.

この かばんは ＿＿＿＿＿＿＿＿＿＿＿＿＿＿＿。

(3) 이 가게의 초밥은 싸고 맛있다.

この みせの すしは ＿＿＿＿＿＿＿＿＿＿＿＿ おいしい。

(4) 수학 시험은 어려웠다.

すうがくの テストは ＿＿＿＿＿＿＿＿＿＿＿＿＿。

(5) 이 영화는 재미있다.

この えいがは ＿＿＿＿＿＿＿＿＿＿＿＿＿。

3 다음 문장을 일본어로 쓰세요.

(1) 이 케이크는 매우 맛있다.

_____。

(2) 친구와의 여행은 즐거웠습니다.

_____。

(3) 오늘은 날씨가 좋아서 기분이 좋습니다.

_____。

(4) 그 드라마는 재미있지 않다.

_____。

(5) 좋은 뉴스와 좋지 않은 뉴스가 있습니다.

_____。

4 내용을 생각하며 제시된 い형용사를 활용하여 대화를 완성해 보세요.

[음식점에서 식사를 마치고 나오며 대화하는 상황]

A　うどん、　①おいしい　　　　ね。

B　うん。りょうも　②多い（おお）　　　　、おなか いっぱい！

A　　③いい　　　　ね。

어떻게 쓰일까?

✳ い형용사가 포함된 예문을 살펴봅시다. ──────

> よしださん、このあいだは ありがとうございました。
> とても たのしかったです。
> 요시다 씨, 이전에는 정말 감사했어요.
> 굉장히 즐거웠어요.

> よかったです。
> 다행이에요.

💡 틀리기 쉬운 일본어 ──────

한국어의 형용사 기본형은 '~다'로 끝나기 때문에 い형용사를 기본형으로 말할 때 뒤에 「～だ」를 붙이기 쉬워요. 하지만 문법적으로 맞지 않는 표현이므로 「～だ」를 붙이지 않도록 유의하세요.

• てんきが いいだ! 날씨가 좋다!	いいだ ✗ ➡ いい ○

• これ、おいしいだ! 이것, 맛있다!	いしいだ ✗ ➡ おいしい ○

• すずきさん、すごいだ! 스즈키 씨, 굉장하다!	すごいだ ✗ ➡ すごい ○

な형용사

빈칸에 들어갈 말을 일본어로 써 보세요.

| 방이 깨끗하다 | ➡ | へやが　きれいだ |

| 깨끗한 방 | ➡ | |

일본어 형용사는 두 가지가 있는데, 하나는 UNIT 04에서 다룬 い형용사이고, 다른 하나는 な형용사입니다. な형용사가 い형용사와 다른 점은, な형용사의 기본형은 「だ」로 끝나지만 뒤의 명사를 수식할 때에는 「だ」가 「な」로 바뀐다는 점이에요. 그래서 이름이 な형용사랍니다.

정답 **깨끗한 방 ➡ きれいな　へや**

UNIT 05에서는 두 번째 형용사인 な형용사에 대해서 알아보겠습니다.

① な형용사의 기본형

어간 + だ

すきだ 좋아하다	きらいだ 싫어하다	きれいだ 예쁘다, 깨끗하다
じょうずだ 잘하다	へただ 잘 못하다(서툴다)	かんたんだ 간단하다
げんきだ 건강하다	ゆうめいだ 유명하다	まじめだ 성실하다
しんせつだ 친절하다	しずかだ 조용하다	おなじだ 같다

② な형용사의 역할과 형태

서술어	명사 수식
へやが きれいだ。 방이 깨끗하다.	きれいな へや 깨끗한 방
りょうりが すきだ。 요리를 좋아한다.	すきな りょうり 좋아하는 요리
やまださんは まじめだ。 야마다 씨는 성실하다.	まじめな やまださん 성실한 야마다 씨
キムせんせいは ゆうめいだ。 김 선생님은 유명하다.	ゆうめいな キムせんせい 유명한 김 선생님

TIP 「すきだ」「きらいだ」「じょうずだ」「へただ」의 앞에 '을/를'이라는 의미로 조사를 쓸 때는 「を」가 아닌 「が」를 써요.

わたしは ほんが すきだ。 나는 책을 좋아한다.

すずきさんは かんこくごが じょうずだ。 스즈키 씨는 한국어를 잘한다.

TIP 「おなじだ 같다」는 예외적으로 명사를 수식할 때 「な」를 붙이지 않아요. 그래서 「おなじ かばん 같은 가방」「おなじ じかん 같은 시간」「おなじ もの 같은 물건」과 같이 쓰여요.

③ な형용사의 활용

な형용사의 어미는 「だ」이며, 활용할 때는 어미인 「だ」를 떼고 어간에 꼬리를 붙여 다양한 의미를 나타냅니다.

	반말로 말할 때	정중하게 말할 때
기본	きれいだ 예쁘다	きれいです 예쁩니다
부정	きれいでは(じゃ) ない 예쁘지 않다	きれいでは(じゃ) ないです きれいでは(じゃ) ありません 예쁘지 않습니다
과서	きれいだった 예뻤다	きれいでした 예뻤습니다
과거 부정	きれいでは(じゃ) なかった 예쁘지 않았다	きれいでは(じゃ) なかったです きれいでは(じゃ) ありませんでした 예쁘지 않았습니다
연결	きれいで 예쁘고, 예뻐서	-
부사	きれいに (なる) 예쁘게 (되다), 예뻐지다	-

わたしは ねこと いぬが きらいです。 나는 고양이와 개를 싫어합니다.

バスケは あまり すきじゃ ない。 농구는 별로 좋아하지 않는다.

あの かしゅは ゆうめいでした。 저 가수는 유명했습니다.

あの ひとは しんせつでは ありませんでした。 저 사람은 친절하지 않았습니다.

ホテルは しずかで きれいでした。 호텔은 조용하고 깨끗했습니다.

にほんごが じょうずに なる。 일본어가 능숙해 진다.

TIP 친근한 상대와의 대화에서는 な형용사의 기본형에서 「だ」를 떼고 쓰기도 합니다.

A どんな おんがくが すき? 어떤 음악을 좋아해?

B しずかな おんがくが すき。 조용한 음악을 좋아해.

1 괄호 안에 들어갈 말로 자연스러운 것을 고르세요.

(1) どんな おんがくが (　　　　　) ですか。

① すき 　　　　　 ② すきだ 　　　　　 ③ すきな 　　　　　 ④ すきじゃ

(2) わたしは ねこと いぬが (　　　　　)。

① きらいに 　　　 ② きらいで 　　　 ③ きらいです 　　　 ④ きらいだです

(3) キムさんは (　　　　　) えいごの せんせいです。

① ゆうめい 　　　 ② ゆうめいだ 　　　 ③ ゆうめいな 　　　 ④ ゆうめいじゃ

(4) ホテルは しずか (　　　　　) きれいでした。

① く 　　　　　 ② で 　　　　　 ③ な 　　　　　 ④ では

(5) やまださんと わたしは (　　　　　) がっこうです。

① おなじな 　　　 ② おなじの 　　　 ③ おなじに 　　　 ④ おなじ

2 우리말을 참고하여 일본어 문장을 완성하세요.

(1) 어릴 때는 채소를 싫어했었다.

子どもの ころは やさいが ＿＿＿＿＿＿＿＿＿＿＿＿＿＿。

(2) 이 가게는 친절하고 요리도 맛있습니다.

この みせは ＿＿＿＿＿＿＿＿＿＿＿ りょうりも おいしいです。

(3) 다나카 씨의 방은 매우 깨끗합니다.

たなかさんの へやは とても ＿＿＿＿＿＿＿＿＿＿＿＿。

(4) 저는 농구는 그다지 좋아하지 않습니다.

わたしは バスケは あまり ＿＿＿＿＿＿＿＿＿＿＿＿。

(5) 스즈키 씨는 성실한 학생입니다.

すずきさんは ＿＿＿＿＿＿＿＿＿＿＿＿ がくせいです。

3 다음 문장을 일본어로 쓰세요.

(1) 가장 좋아하는 일본 요리는 무엇입니까?

_____。

(2) 그는 축구도 농구도 잘합니다.

_____。

(3) 이 공원도 옛날에는 깨끗하지 않았어요.

_____。

(4) 케이크를 만드는 법은 간단하지 않습니다.

_____。

(5) 아무도 없는 교실은 매우 조용했다.

_____。

4 내용을 생각하며 제시된 な형용사를 활용하여 대화를 완성해 보세요.

A　ジュンさんは　どんな　タイプの　ひとが　①すきだ　　　　　か？

B　②しんせつだ　　　　　、　③まじめだ　　　　　ひとが　いいです。

A　そうですか。わたしは　やさしい　ひとが　いいです。

어떻게 쓰일까?

❈ な형용사가 포함된 예문을 살펴봅시다.

> 先生の おかげで 日本語が すきに なりました。
> (せんせい / にほんご)
> 선생님의 덕분에 일본어를 좋아하게 되었어요.
>
> いつも ありがとうございます。
> 항상 감사드려요.
>
> これからも がんばります。
> 앞으로도 힘낼게요.

💡 틀리기 쉬운 일본어

①

- けんさんの へや、**きらい**ですね。 겐 씨의 방, 싫어요. ✗
- けんさんの へや、**きれい**ですね。 겐 씨의 방, 깨끗하네요. ○

「きれいだ 예쁘다, 깨끗하다」와 「きらいだ 싫어하다」는 한 글자 차이로 의미가 달라지니 유의하세요.

②

- この かしゅは **ゆめ**だ。 이 가수는 꿈이다. ✗
- この かしゅは **ゆうめい**だ。 이 가수는 유명하다. ○

「ゆうめいだ 유명하다」는 두 번의 장음이 있으니 발음에 주의하세요. 짧게 발음하면 「ゆめ 꿈」이라는 전혀 다른 뜻이 된답니다.

부사

부사는 말하는 사람의 의도를 잘 나타내주며 문장을 풍성하고 다채롭게 만들어 주지요.
아래 문장에서 부사를 찾아보세요.

> 1 きょうは とても さむいです。 오늘은 매우 추워요.
> ──────────────────────────
> 2 いま ちょっと いいですか。 지금 잠깐 괜찮나요?

위 문장에서 부사는 「とても」와 「ちょっと」예요. 문장1의 「とても 매우」는 추운 정
도가 크다는 것을 강조해요. 또 문장2의 「ちょっと 잠깐, 좀」은 짧은 시간이라는 의
미로 상대의 주의를 끄는 말로 사용되었다고 볼 수 있어요.
UNIT 06에서는 일상생활에서 사용 빈도가 높은 부사에 대해서 알아보겠습니다.

✳ また 또

じゃ、また あした。 그럼 내일 또 (봐요).

✳ まだ 아직

かれは まだ こうこうせいだ。 그는 아직 고등학생이다.

✳ もう ① 벌써, 이미 ② 더

① あ、もう こんな じかん。 아, 벌써 시간이 이렇게 되었네.

② もう ちょっと がんばって。 좀 더 힘내.

✳ よく ① 잘 ② 자주

① よく わかりません。 잘 모르겠어요.

② よく そう いう。 자주 그렇게 말해.

✳ とても 매우

かのじょは とても せが たかい。 그녀는 매우 키가 크다.

✳ あまり 별로, 그다지

この かばんは あまり たかく ない。 이 가방은 별로 비싸지 않다.

✳ ぜんぜん 전혀

むずかしくて ぜんぜん わかりません。 어려워서 전혀 모르겠습니다.

TIP 「あまり 별로, 그다지」「ぜんぜん 전혀」는 부정 표현과 함께 사용합니다.

✳ **ちょっと** 잠깐, 좀

ちょっと まって。 잠깐 기다려.

✳ **ずっと** ① 계속, 쭉 ② 훨씬

① ずっと れんらくが ない。 계속 연락이 없다.

② わたしは おとうとより ずっと せが たかい。 나는 남동생보다 훨씬 키가 크다.

✳ **いつも** 항상, 언제나

あの みせは いつも ひとが 多^{おお}い。 저 가게는 항상 사람이 많다.

✳ **いっしょに** 함께, 같이

しゅうまつは かぞくと いっしょに いる。 주말은 가족과 함께 있다.

✳ **いちばん** 가장

この なかで すしが いちばん おいしいです。 이 중에서 초밥이 가장 맛있습니다.

✳ **きっと** 꼭, 반드시

きっと ゆうめいに なる。 꼭 유명해질 것이다.

✳ **たくさん** 많이

おいしくて たくさん たべました。 맛있어서 많이 먹었습니다.

✳ **ゆっくり** 천천히, 푹, 느긋하게

もう ちょっと ゆっくり はなして ください。 좀 더 천천히 말해 주세요.

1 괄호 안에 들어갈 말로 자연스러운 것을 고르세요.

(1) わたしの おとうとは (　　　　　　) しょうがくせいです。

① よく　　　　　② きっと　　　　　③ どうも　　　　　④ まだ

(2) うたは (　　　　　　) じょうずじゃ ありません。

① きっと　　　　　② あまり　　　　　③ とても　　　　　④ なかなか

(3) えいがは (　　　　　　) はじまりました。

① まだ　　　　　② もう　　　　　③ きっと　　　　　④ いちばん

(4) この ラーメンは おいしくて (　　　　　　) たべます。

① よく　　　　　② もう　　　　　③ あまり　　　　　④ ちょっと

(5) かれは せんしゅうから (　　　　　　) れんらくが ない。

① とても　　　　　② きっと　　　　　③ いつも　　　　　④ ずっと

2 우리말을 참고하여 일본어 문장을 완성하세요.

(1) 그녀는 매우 키가 크다.

かのじょは ＿＿＿＿＿＿＿＿＿＿＿＿＿＿＿＿ せが たかい。

(2) 이 문제는 좀 어렵습니다.

この もんだいは ＿＿＿＿＿＿＿＿＿＿＿＿＿＿＿＿ むずかしいです。

(3) 이 가게는 항상 사람이 많습니다.

この みせは ＿＿＿＿＿＿＿＿＿＿＿＿＿＿＿＿ ひとが 多いです。

(4) 주말은 가족과 함께 집에 있습니다.

しゅうまつは かぞくと ＿＿＿＿＿＿＿＿＿＿＿＿＿＿＿＿ いえに います。

(5) 저 가수는 꼭 유명해질 것이다.

あの かしゅは ＿＿＿＿＿＿＿＿＿＿＿＿＿＿＿＿ ゆうめいに なる。

3 다음 문장을 일본어로 쓰세요.

(1) 수학은 별로 좋아하지 않습니다.

_____。

(2) 야마다 씨는 나보다 훨씬 키가 크다.

_____。

(3) 잠깐 기다려.

_____。

(4) 선생님, 이 문제는 잘 모르겠어요.

_____。

(5) 벌써 10시입니다.

_____。

4 빈칸에 알맞은 부사를 넣어 대화를 완성해 보세요.

A きょう、　①＿＿＿＿＿　たのしかったね。

B うん。たのしかった。あ、　②＿＿＿＿＿　こんな じかん。

A じゃ、　③＿＿＿＿＿　あした。

✳ 부사가 포함된 예문을 살펴봅시다. ────

> これ、にほんの おちゃです。
> この おかしと いっしょに どうぞ。
> 이거 일본 차예요.
> 이 과자와 함께 드세요.

> いただきます。とても おいしいですね。
> 잘 먹겠습니다. 아주 맛있네요.

💡 틀리기 쉬운 일본어 ────

①

ごはん、いっしょうに どう？   いっしょうに ✕ → いっしょに ○

밥 같이 어때?(밥 같이 먹지 않을래?)

─────────────────────────

「いっしょうに」는 '평생에'라는 의미이므로 「いっしょに」라고 해야 해요.

②

じゃ、まだ。   まだ ✕ → また ○

그럼 또 만나.(헤어질 때의 인사)

─────────────────────────

「まだ」는 '아직'이라는 의미이므로 「じゃ、また」라고 해야 해요.

동사

아래 문장에서 동사를 모두 찾아보세요.

1 ここは 日本語の 本が ある としょかんだ。
여기는 일본어 책이 있는 도서관이다.

2 ここに 日本語の しんぶんも ある。
여기에 일본어 신문도 있다.

 해설

동사는 두 군데에 나옵니다. 첫 번째 문장의 「ある」와 두 번째 문장의 「ある」예요. 동사는 사람이나 사물의 움직임 또는 작용을 나타내는 말로 주로 서술어의 역할을 해요. 문장2의 「ある」는 전체 문장의 서술어 역할을 합니다. 그런데 문장1의 「ある」는 「日本語の 本が ある 일본어 책이 있다」에서 서술어이면서, 절 전체가 뒤에 오는 「としょかん 도서관」을 수식하고 있어요. 이처럼 우리말과 동일하게 일본어의 동사도 서술어 역할을 하는 동시에 뒤의 명사를 수식하기도 합니다.
UNIT 07에서는 일본어 동사의 기본형과 분류 방법에 대해서 알아보겠습니다.

① 동사의 분류

모든 동사의 기본형은 う단으로 끝납니다. 우리말의 동사 기본형이 '~다'로 끝나는 것과 비슷합니다.
일본어 동사는 1그룹, 2그룹, 3그룹의 세 가지로 분류할 수 있어요.
앞으로 배우게 될 정중형, 연결형, 과거형, 부정형 등 다양한 활용은 각 그룹별로 규칙이 다르기 때문에 어느
그룹에 속한 동사인지 잘 알아두어야 합니다.

1그룹	「る」로 끝나지 않는 모든 동사 「う·く·ぐ·す·つ·ぬ·ぶ·む」로 끝나는 동사 「る」로 끝나면서 바로 앞에 あ단, う단, お단이 오는 동사 「あ·う·お단」+「る」	あう 만나다 かう 사다 いく 가다 およぐ 헤엄치다 はなす 이야기하다 まつ 기다리다 しぬ 죽다 あそぶ 놀다 のむ 마시다 よむ 읽다 ある 있다 つくる 만들다 なる 되다 のる (자동차 등에) 타다 わかる 알다
2그룹	「る」로 끝나면서 바로 앞에 い단, え단이 오는 동사 「い·え단」+「る」	いる 있다 みる 보다 たべる 먹다 きる 입다
3그룹	불규칙 동사	する 하다 くる 오다

TIP 다음 동사들은 2그룹 동사의 형태를 하고 있지만 모두 1그룹입니다. 이러한 예외 1그룹 동사는 많지 않으니 따로 기억해 둡시다.

かえる 돌아가(오)다　　切る 자르다, 끊다　　しる 알다

はいる 들어가(오)다　　はしる 달리다, 뛰다　　要る 필요하다

うちへ かえる。 집으로 돌아가다.

はさみで かみを 切る。 가위로 종이를 자르다.

くるまが はしる。 차가 달린다.

ともだちの へやに はいる。 친구의 방에 들어가다.

② 동사 기본형의 해석

한국어의 동사 시제는 과거, 현재, 미래 세 개로 나뉘지만 일본어는 과거와 과거가 아닌 것, 두 가지로 나뉩니다. 미래 시제는 동사의 기본형을 사용하기 때문에 문맥에 맞게 현재 시제인 '~하다/~한다'나 미래 시제인 '~할 것이다' 두 가지 중 하나로 해석해야 합니다.

本を よむ。
책을 읽는다. / 책을 읽을 것이다.

がっこうに いく。
학교에 간다. / 학교에 갈 것이다.

日本語で はなす。
일본어로 이야기한다. / 일본어로 이야기할 것이다.

1 괄호 안에 들어갈 말로 자연스러운 것을 고르세요.

(1) ひるやすみに としょかんで 本^{ほん}を (　　　　　)。

① ある　　　　② かう　　　　③ はなす　　　④ よむ

(2) せんせいと にほんごで (　　　　　)。

① はなす　　　② いる　　　　③ まつ　　　　④ いく

(3) 3時^じに しぶやで ともだちと (　　　　　)。

① あう　　　　② みる　　　　③ かう　　　　④ する

(4) しょうがつには きものを (　　　　　)。

① いる　　　　② あそぶ　　　③ のむ　　　　④ きる

(5) どようびの ごごは いつも うんどう (　　　　　)。

① くる　　　　② たべる　　　③ する　　　　④ はなす

2 우리말을 참고하여 일본어 문장을 완성하세요.

(1) 책상 밑에 고양이가 있다.

つくえの したに ねこが ＿＿＿＿＿＿＿＿＿＿＿＿＿＿＿＿。

(2) 오늘은 일찍 집에 돌아간다.

きょうは はやく うちへ ＿＿＿＿＿＿＿＿＿＿＿＿＿＿＿＿。

(3) 친구와 영화를 본다.

ともだちと えいがを ＿＿＿＿＿＿＿＿＿＿＿＿＿＿＿＿。

(4) 매일 학교에 간다.

まいにち がっこうに ＿＿＿＿＿＿＿＿＿＿＿＿＿＿＿＿。

(5) 오늘 점심은 우동을 먹는다.

きょうの ひるごはんは うどんを ＿＿＿＿＿＿＿＿＿＿＿＿＿＿＿＿。

3 다음 문장을 일본어로 쓰세요.

(1) 역 앞에서 친구를 기다린다.

_____。

(2) 오늘 새 구두를 산다.

_____。

(3) 아이들은 공원에서 논다.

_____。

(4) 일본은 10월까지 태풍이 온다.

_____。

(5) 엄마에게 전화를 건다.

_____。

4 빈칸에 알맞은 동사를 넣어 대화를 완성해 보세요.

> A おべんとう、いっしょに ① _____ ?
>
> B いいよ。からあげ すき？いっぱい ② _____ よ。
>
> A あ、うれしい。からあげ だいすきだよ。

✳ 동사가 포함된 예문을 살펴봅시다.

えー、もう かえるの?
응? 벌써 돌아가는 거야?

明日 だいじな しけんが あるの。
あした
내일 중요한 시험이 있거든.

✳ 어휘력 UP!

동사의 가장 큰 특징은 문장 속에서 형태가 다양하게 변화한다는 점입니다. 우리말의 '먹다'에서 형태가 변하지 않는 부분인 '먹-'은 '어간'이라고 하고, 변하는 부분인 '-다'는 '어미'라고 하지요. 이와 같이 어미 부분이 다양하게 변하는 것을 '활용'이라고 해요. 일본어 동사에서도 아래와 같이 다양한 활용이 있답니다.

いく
가다

정중형	いきます 갑니다	부정형	いかない 가지 않다
연결형	いって 가서, 가고	과거형	いった 갔다
의지형	いこう 가자	명령형	いけ 가

동사의 정중형 [ます형]

동사의 정중형은 동사 어간에 「ます」를 붙여서 만들기 때문에 ます형이라고도 합니다.
동사의 끝에 어떻게 「ます」를 붙이는지 그룹별 정중형의 활용 규칙을 찾아보세요.

분류	기본형		정중형
1그룹	ある		あります
2그룹	たべる	➡	たべます
3그룹	する		します

1그룹 동사는 기본형의 마지막 글자를 い단으로 바꾸고 뒤에 「ます」를 붙입니다.
「ある 있다」의 경우 「る」를 「り」로 바꾼 후 「ます」를 붙여 「あります 있습니다」가 됩니다.
2그룹 동사는 기본형의 마지막 글자인 「る」를 떼고 「ます」를 붙입니다. 「たべる 먹다」의 경우 「る」를 떼고 「ます」를 붙여 「たべます 먹습니다」가 됩니다.
마지막으로 **3그룹 동사**인 「する」는 「します 합니다」로 불규칙 활용을 합니다.
UNIT 08에서는 동사의 정중형 활용에 대해서 알아보겠습니다.

내용 이해하기

① **동사의 정중형(ます형)**

우리말로 동사 '가다'를 정중형으로 바꿀 때 어미인 '~다'를 빼고 'ㅂ니다'를 더하는 것처럼, 일본어에서도 동사를 정중형으로 바꾸기 위해서는 빼고 더하는 작업이 필요해요. 각 그룹 별로 기본형을 어떻게 정중형으로 바꾸는지 알아봅시다.

1그룹 う단 → い단+ます	ある 있다	➡	あります 있습니다
	よむ 읽다		よみます 읽습니다
	いく 가다		いきます 갑니다
	はなす 이야기하다		はなします 이야기합니다
2그룹 「る」를 빼고 +ます	たべる 먹다	➡	たべます 먹습니다
	みる 보다		みます 봅니다
	きる 입다		きます 입습니다
3그룹 불규칙이므로 암기	する 하다	➡	します 합니다
	来る 오다		来ます 옵니다

まいにち しんぶんを よみます。 매일 신문을 읽습니다.

私は いもうとと いっしょに さんぽを します。 나는 여동생과 함께 산책을 합니다.

友だちと こうえんで べんとうを たべます。 친구와 공원에서 도시락을 먹습니다.

TIP 참고로 2그룹 동사「着る 입다」와 3그룹 동사「来る 오다」의 정중형은「きます」로 형태가 같습니다. 한자「着ます」와「来ます」로 혹은 앞뒤 문맥을 보고 구별하면 됩니다.

きょうは きれいな きものを 着ます。 오늘은 예쁜 기모노를 입습니다.

日本人の 友だちが かんこくに 来ます。 일본인 친구가 한국에 옵니다.

② 정중형 관련 기본 문형

ません ~(하)지 않습니다   [부정]

にちようびは がっこうに いきません。 일요일은 학교에 가지 않습니다.

ここには 日本語の ざっしが ありません。 여기에는 일본어 잡지가 없습니다.

ました ~했습니다   [과거]

きのう きものを 着ました。 어제 기모노를 입었습니다.

友だちと こうえんで さんぽを しました。 친구와 공원에서 산책을 했습니다.

ませんでした ~(하)지 않았습니다   [과거 부정]

彼は テレビを みませんでした。 그는 TV를 보지 않았습니다.

私は おとうとの べんとうを たべませんでした。
나는 남동생의 도시락을 먹지 않았습니다.

ませんか ~(하)지 않겠습니까?   [청유]

としょかんに いきませんか。 도서관에 가지 않겠습니까?

いっしょに べんきょうを しませんか。 함께 공부를 하지 않겠습니까?

ましょう ~합시다 / **ましょうか** ~할까요?   [청유]

いっしょに うどんを たべましょう。 함께 우동을 먹읍시다.

これから えいごで はなしましょう。 이제부터 영어로 말합시다.

あした えいがを みましょうか。 내일 영화를 볼까요?

1 괄호 안에 들어갈 말로 자연스러운 것을 고르세요.

(1) あしたは 何^{なに}を (　　　　　)か 。

　　① す　　　　　② すり　　　　　③ します　　　　④ しります

(2) まいあさ 8時^{はち じ}に ごはんを (　　　　　)。

　　① たべ　　　　② たべり　　　　③ たべます　　　④ たべります

(3) 日本人^{に ほんじん}の 友^{とも}だちが あした かんこくに (　　　　　)。

　　① きます　　　② きました　　　③ きましょう　　④ きませんでした

(4) きのうは カフェで コーヒーを (　　　　　)。

　　① のみます　　② のみません　　③ のみましょう　④ のみました

(5) きょうしつに がくせいが 3にん^{さん} (　　　　　)。

　　① ある　　　　② います　　　　③ あります　　　④ いります

2 우리말을 참고하여 일본어 문장을 완성하세요.

(1) 지금, 집에 아무도 없습니다.

今^{いま}、いえに だれも ＿＿＿＿＿＿＿＿＿＿＿＿＿＿＿。

(2) 내일 공원에서 꽃구경을 하지 않겠습니까?

あした こうえんで はなみを ＿＿＿＿＿＿＿＿＿＿＿＿＿＿＿。

(3) 이제부터 영어로 이야기합시다.

これから えいごで ＿＿＿＿＿＿＿＿＿＿＿＿＿＿＿。

(4) 예쁜 옷이네요. 누구를 만납니까?

きれいな ふくですね。だれに ＿＿＿＿＿＿＿＿＿＿＿＿か。

(5) 저는 여동생과 공원에서 놉니다.

私^{わたし}は いもうとと こうえんで ＿＿＿＿＿＿＿＿＿＿＿＿＿。

3 다음 문장을 일본어로 쓰세요.

(1) 요시다 씨는 교실에 있습니까?

_____。

(2) 새로운 컴퓨터가 비싸서 사지 않았습니다.

_____。

(3) 그는 친구와 집에서 게임을 합니다.

_____。

(4) 함께 영어 공부를 합시다.

_____。

(5) 일요일은 학교에 가지 않습니다.

_____。

4 내용을 생각하며 제시된 동사를 ます형으로 바꾸어 대화를 완성해 보세요.

A あさっては テストですね。いっしょに べんきょう　①する

ませんか。

B きょうは バイトが あります。あしたは どうですか。

A いいですよ。2じに としょかんで　②あう　　　　ましょう。

❋ 동사의 정중형(ます형)이 포함된 예문을 살펴봅시다.

まだ 時間が ありますね。

ちょっと この へんで おちゃでも のみませんか。

아직 시간이 있네요.
잠시 이 근처에서 차라도 마시지 않을래요?

いいですね。

좋아요.

❋ 어휘력 UP!

동사의 정중형에서 「ます」를 뺀 형태를 명사로 사용하기도 합니다. 일상생활에서 자주 사용하니 알아
두면 좋습니다.

- 考える 생각하다 → 考え 생각

- 喜ぶ 기뻐하다 → 喜び 기쁨

- 帰る 귀가하다 → 帰り 귀가

- 休む 쉬다 → 休み 쉼, 휴식

UNIT 09

동사 정중형 (ます형) 문형

일본어를 공부할수록 한자 읽기의 어려움이 느껴지지 않나요?
그럴 때 선생님께 이렇게 질문해 보세요.

この かんじの よみかたは 何^{なん}ですか?

이 한자의 읽는 법은 무엇인가요?

「よみかた」는 읽는 방법이라는 뜻으로 「よむ 읽다」에 「かた 방법」이 붙은 말입니다.
「かた」가 기본형에 바로 붙지 않고 「よむ」가 「よみ」로 변한 것을 알 수 있습니다.
즉, 동사의 정중형에서 「ます」를 뺀 나머지에 「かた」가 붙었어요.
UNIT 09에서는 이처럼 동사의 정중형에서 「ます」를 뺀 나머지와 함께 쓰는 다양한
문형에 대해 알아보겠습니다.

앞서 배운 동사의 정중형(ます형) 활용을 잘 할 수 있다면 그와 관련된 여러 문형을 익혀 보다 다양한 일본어 문장을 구사할 수 있습니다. 아래와 같이 동사의 정중형에서 「ます」를 뺀 나머지에 꼬리를 붙여 다양한 의미를 나타낼 수 있습니다.

✳ 〜かた ~(하는) 방법

おにぎりは つくりかたが かんたんだ。 주먹밥은 만드는 방법이 간단하다.

パソコンの つかいかたを せつめいします。 컴퓨터의 사용법을 설명합니다.

✳ 〜に 行く・来る ~하러 가다/오다

ざっしを かいに 行きましょう。 잡지를 사러 갑시다.

ごはんを 食べに 来ました。 밥을 먹으러 왔습니다.

✳ 〜たい ~하고 싶다

日本人と 日本語で はなしたい。 일본인과 일본어로 이야기하고 싶다.

友だちと 映画を 見に 行きたい。 친구와 영화를 보러 가고 싶다.

✳ 〜ながら ~하면서

おんがくを ききながら、本を よみます。 음악을 들으면서 책을 읽습니다.

コーヒーを 飲みながら、べんきょうを します。 커피를 마시면서 공부를 합니다.

✳ ～やすい ~하기 쉽다, 편하다

その スマホは とても つかいやすい。 그 스마트폰은 매우 사용하기 편하다.

この くつは かるくて はきやすいです。 이 신발은 가볍고 신기 편합니다.

✳ ～にくい ~하기 어렵다

いそがしくて やすみを とりにくい。 바빠서 휴가를 내기 어렵다.

カタカナは おぼえにくいです。 가타카나는 외우기 어렵습니다.

✳ ～すぎる 너무 ~하다

ひるごはんを 食べすぎました。 점심밥을 너무 많이 먹었습니다.

さけを 飲みすぎるのは よくないです。 술을 너무 많이 마시는 것은 좋지 않습니다.

✳ ～はじめる ~하기 시작하다

ゆっくり あるきはじめる。 천천히 걷기 시작한다.

昨日から 花が さきはじめました。 어제부터 꽃이 피기 시작했습니다.

✳ ～おわる 전부 다 ~하다

この 本は あと すこしで よみおわる。 이 책은 앞으로 조금이면 다 읽는다.

あさごはんは 食べおわりました。 아침밥은 다 먹었습니다.

1 괄호 안에 들어갈 말로 자연스러운 것을 고르세요.

(1) きのうから 花が さき (　　　　　)。

① はじめました　② たいです　③ やすいです　④ にくいです

(2) おにぎりの (　　　　　) かたが よく わかりません。

① つくる　　② つくり　　③ つくります　④ つくりません

(3) 明日 いっしょに 本を (　　　　　) 行きます。

① かう　　② かい　　③ かいに　　④ かいたい

(4) つめたい コーヒーが (　　　　　) たいです。

① のみ　　② のむ　　③ のん　　④ の

(5) いつも おんがくを (　　　　　)ながら べんきょうします。

① きく　　② きき　　③ ききます　④ ききましょう

2 우리말을 참고하여 일본어 문장을 완성하세요.

(1) 맛있는 라면을 먹으러 왔습니다.

おいしい ラーメンを ＿＿＿＿＿＿＿＿＿＿＿＿＿来ました。

(2) 일본인 친구와 일본어로 이야기하고 싶다.

日本人の 友だちと 日本語で ＿＿＿＿＿＿＿＿＿＿＿＿。

(3) 세탁기 사용법은 압니다.

せんたくきの ＿＿＿＿＿＿＿＿＿＿＿＿は わかります。

(4) 아침밥은 벌써 다 먹었습니다.

あさごはんは もう ＿＿＿＿＿＿＿＿＿＿＿＿。

(5) 이 스마트 폰은 매우 사용하기 편합니다.

この スマホは とても ＿＿＿＿＿＿＿＿＿＿＿＿。

3 다음 문장을 일본어로 쓰세요.

(1) 그녀는 천천히 걷기 시작했습니다.

_____ 。

(2) 요즘 바빠서 휴가를 내기 어렵습니다.

_____ 。

(3) 노래를 부르면서 청소를 합니다.

_____ 。

(4) 학교에서 메일을 쓰는 법을 배웠습니다.

_____ 。

(5) 이 구두는 가볍고 신기 편해요.

_____ 。

4 내용을 생각하며 제시된 동사를 ます형 문형으로 바꾸어 대화를 완성해 보세요.

A ハナさん、ちょっと そうだん ①する _____ ことが あります。

B じゃ、コーヒーを ②飲む _____ 話しましょうか。

A はい。コーヒーは わたしが おごります。

✳ 동사의 정중형 문형이 포함된 예문을 살펴봅시다. ────

今 いちばん 行きたい ところは どこですか。
지금 가장 가고 싶은 곳은 어디예요?

さっぽろに 行きたいです。
삿포로에 가고 싶어요.

💡 **틀리기 쉬운 일본어** ────

'여행을 가다'를 「りょこうを 行く」로 바꾸면 문법적으로 잘못된 문장이 됩니다. 「行く」는 목적어를 필요로 하지 않는 자동사이기 때문이에요. 이동의 '목적'이 여행이기 때문에 「に ~하러」를 써서 「りょこうに 行く」라고 해야 맞는 표현이 됩니다. 동사를 바꿔서 「りょこうを する 여행을 하다(가다)」라고도 합니다.

UNIT 10

동사의 연결형 (て형)

두 문장을 연결하여 하나의 문장으로 만들어 보세요.

ごはんを　食_たべる
밥을 먹다

+

本_{ほん}を　よむ
책을 읽다

우리말의 '~하고, ~해서'에 해당하는 일본어 표현을 연결형이라고 해요. 동사 끝에 「ます」를 붙여 만드는 정중형을 「ます형」이라고 부르듯, 동사 끝에 「て」를 붙여 연결형을 만들기 때문에 연결형을 「て형」이라고도 합니다.

UNIT 10에서는 연결형(て형)을 어떻게 만드는지 각 그룹별로 알아보겠습니다.

정답 ごはんを　食_たべて　本_{ほん}を　よむ。　밥을 먹고 책을 읽는다.

동사의 연결형

동사의 연결형(て형)은 '~하고, ~해서'라고 해석하며, 아래와 같이 그룹별로 다르게 활용합니다. 특히 1그룹은 동사의 기본형의 마지막 う단이 어떤 글자로 끝나는지에 따라 다르게 활용하니 주의해야 합니다.

그룹	활용 규칙	기본형	연결형
1그룹	く ➡ いて	書く 쓰다	書いて 쓰고, 써서
	ぐ ➡ いで	いそぐ 서두르다	いそいで 서두르고, 서둘러서
	う つ る ➡ って	会う 만나다	会って 만나고, 만나서
		まつ 기다리다	まって 기다리고, 기다려서
		のる 타다	のって 타고, 타서
	ぬ む ぶ ➡ んで	しぬ 죽다	しんで 죽고, 죽어서
		読む 읽다	読んで 읽고, 읽어서
		あそぶ 놀다	あそんで 놀고, 놀아서
	す ➡ して	話す 이야기하다	話して 이야기하고, 이야기해서
	(예외) 行く ➡ 行って	行く 가다	行って 가고, 가서
2그룹	「る」빼고 + て	食べる 먹다	食べて 먹고, 먹어서
		見る 보다	見て 보고, 봐서
3그룹	불규칙 활용	する 하다	して 하고, 해서
		来る 오다	来て 오고, 와서

いそいで がっこうへ 行きましょう。
서둘러 학교에 갑시다.

ねつが あって、バイトを やすみました。
열이 있어서 아르바이트를 쉬었습니다.

やまださんと おさけを 飲んで 家に かえりました。
야마다 씨와 술을 마시고 집으로 돌아왔습니다.

友だちと あそんで しゃしんを とりました。
친구와 놀고 사진을 찍었습니다.

コンビニに 行って きました。
편의점에 갔다 왔습니다.

ごはんを 食べて おちゃを 飲む。
밥을 먹고 차를 마신다.

友だちと いっしょに べんきょうを して 映画を 見に 行きます。
친구와 함께 공부를 하고 영화를 보러 갑니다.

TIP 「会う 만나다」「のる 타다」 앞에 오는 조사 사용에 유의합시다. '~을 만나다', '~을 타다'이기 때문에 조사 「を」를 쓸 것 같지만 조사 「に」를 써야 합니다.

友だちに 会って、かいものを します。
친구를 만나서 쇼핑을 합니다.

今、たなかさんに 会いに 行きます。
지금 다나카 씨를 만나러 갑니다.

バスに のって デパートへ 行きました。
버스를 타고 백화점에 갔습니다.

じかんが ないから、タクシーに のって 行きましょう。
시간이 없으니까 택시를 타고 갑시다.

1 아래의 동사를 연결형(て형)으로 고쳐 쓰세요.

> 보기 会^あう 만나다 → 会^あって

(1) する 하다 → _____

(2) いそぐ 서두르다 → _____

(3) 食^たべる 먹다 → _____

(4) 来^くる 오다 → _____

(5) あそぶ 놀다 → _____

(6) まつ 기다리다 → _____

(7) 話^{はな}す 이야기하다 → _____

(8) 行^いく 가다 → _____

(9) かえる 돌아가다 → _____

(10) 飲^のむ 마시다 → _____

2 우리말을 참고하여 일본어 문장을 완성하세요.

(1) 서둘러서 학교에 갑시다.

_____ がっこうへ 行^いきましょう。

(2) 버스를 타고 백화점에 갔습니다.

バスに _____ デパートへ 行^いきました。

(3) 친구가 오고 생일 파티가 시작됐다.

友^{とも}だちが _____ たんじょうび パーティが はじまった。

(4) 밥을 먹고 차를 마신다.

ごはんを _____ おちゃを 飲^のむ。

(5) 친구와 영화를 보고 집에 돌아갔습니다.

友^{とも}だちと 映画^{えいが}を _____ 家^{いえ}に かえりました。

66

3 다음 문장을 일본어로 쓰세요.

(1) 신칸센을 타고 본가에 갔습니다.

_____ 。

(2) 열이 있어서 오늘은 아르바이트를 쉬었습니다.

_____ 。

(3) 책을 읽고 친구와 이야기했습니다.

_____ 。

(4) 일요일에 친구를 만나서 쇼핑을 했습니다.

_____ 。

(5) 이곳에 이름을 쓰고 기다립니다.

_____ 。

4 내용을 생각하며 제시된 동사를 て형으로 바꾸어 대화를 완성해 보세요.

A 学校（がっこう） ①終（お）わる　　　　　友（とも）だちと あそびに いく。

B そう？ わかった。気（き）を つけてね。

A はい。じゃ、 ②行（い）く　　　　　きます！

✳ 동사의 연결형(て형)이 포함된 예문을 살펴봅시다.

しゅうまつに 何を しましたか。
주말에 뭐 했어요?

本屋に 行って、
日本語の ざっしを かいました。
서점에 가서 일본어 잡지를 샀어요.

✳ **어휘력 UP!**

연결형은 동사뿐 아니라 명사나 형용사를 연결할 때도 쓰입니다.
다음의 예문을 보고 명사와 い형용사, な형용사의 연결형을 기억해 둡시다.

명사 **+** で	はじめまして。 처음 뵙겠습니다. 山田さんの 友だちで、キムともうします。 야마다 씨의 친구인 김이라고 해요.	
い형용사 어간 **+** くて	この かさは かるくて、安いです。 이 우산은 가볍고 싸요.	
な형용사 어간 **+** で	私は 元気で 明るい 子が 好きです。 저는 씩씩하고 밝은 아이를 좋아해요.	

68

UNIT 11

동사의 연결형 [て형] 문형

다음 문장은 무슨 뜻일까요?

> ちょっと まって ください。

이 문장은 '잠깐 기다려 주세요'라는 뜻으로 일상생활에서도 자주 사용합니다.

① 「ちょっと」는 '잠깐'이라는 뜻의 부사입니다.
② 「待って」는 「待つ 기다리다」의 연결형입니다.
③ 「ください」는 '주세요'라는 뜻으로, 동사의 연결형에 「ください」를 붙이면 상대
   에게 어떤 행동을 요청하는 정중한 표현이 됩니다.

UNIT 11에서는 동사의 연결형과 함께 쓰이는 다양한 문형에 대해서 알아보겠습
니다.

① 동사의 연결형 관련 주요 문형

✻ ～てから ~하고 나서 　　　　　　　　　　　　　　[시간적 전후 관계]

そうじを してから 勉強を する。청소를 하고 나서 공부를 한다.

手を あらってから ごはんを 食べましょう。손을 씻고 나서 밥을 먹읍시다.

✻ ～て ください ~해 주세요 　　　　　　　　　　　　　[행동 요청]

毎日 この くすりを 飲んで ください。매일 이 약을 먹어 주세요.

TIP 친구나 가족 등 친한 상대에게 말할 때에는 「ください」를 생략할 수 있어요.

気を つけてね。あとで 電話して。조심히 가. 나중에 전화해.

✻ ～ても いい ~해도 좋다 　　　　　　　　　　　　　　[허가]

まどを あけても いいよ。창문을 열어도 돼.

英語で 話しても いいです。영어로 이야기해도 됩니다.

写真を とっても いいですか。사진을 찍어도 됩니까?

✻ ～ては いけない ~하면 안 된다 　　　　　　　　　　[금지]

ここで 遊んでは いけない。여기에서 놀면 안 된다.

ここでは、大きい こえで 話しては いけません。
여기에서는 큰 소리로 말하면 안 됩니다.

TIP 「～ては だめだ」는 회화 장면에서 자주 사용합니다. 정중하게 말할 때에는 「～ては いけません」「～ては だめです」라고 해요.

子どもは お酒を 飲んでは だめだ。아이는 술을 마시면 안 된다.

② 보조 동사

「A て B」에서 A는 말하고자 하는 의미를 가진 본동사, B는 A를 보조하는 보조 동사의 역할을 합니다. 「みる」「おく」「しまう」 등의 보조 동사는 일반적으로 한자로 표기하지 않습니다.

✳ **～て みる** ~해 보다

彼の 料理を ちょっと 食べて みます。 그의 요리를 조금 먹어 보겠습니다.

林さんに 会って 話して みます。 하야시 씨를 만나서 이야기해 보겠습니다.

✳ **～て おく** ~해 두다

田中さんに そう 言って おきます。 다나카 씨에게 그렇게 말해 두겠습니다.

じゅぎょうの 前に 本を 読んで おきました。 수업 전에 책을 읽어 두었습니다.

✳ **～て しまう** ~해 버리다

水を ぜんぶ 飲んで しまいます。 물을 전부 마셔 버립니다.

スマホを 忘れて しまいました。 스마트폰을 잃어버렸습니다.

✳ **～て いく** ~해 가다

これから 人気が 上がって いく。 앞으로 인기가 올라갈 것이다.

これからも 日本語を 勉強して いきます。 앞으로도 일본어를 공부해 가겠습니다.

✳ **～て くる** ~해 오다, ~해지다

パンを 買って きます。 빵을 사 오겠습니다.

日本での せいかつに なれて きました。 일본에서의 생활에 익숙해졌습니다.

1 괄호 안에 들어갈 말로 자연스러운 것을 고르세요.

(1) しゅくだいを (　　　　　) テレビを 見ます。

① しても　　　② してから　　　③ するから　　　④ しないから

(2) この くすりは 毎日 (　　　　　) ください。

① 飲む　　　② 飲み　　　③ 飲んで　　　④ 飲んでは

(3) 林さんに 会って (　　　　　) みます。

① 話す　　　② 話し　　　③ 話して　　　④ 話しって

(4) じゅぎょうの 前に 本を 読んで (　　　　　)。

① おく　　　② かく　　　③ かう　　　④ たべる

(5) 私は あとで 行くから、さきに (　　　　　)。

① 行きました　　② 行ってます　　③ 行ってません　　④ 行って ください

2 우리말을 참고하여 일본어 문장을 완성하세요.

(1) 30분 더 기다려 보겠습니다.

あと ３０分 待って _____。

(2) 냉장고에 케이크를 넣어 두겠습니다.

れいぞうこに ケーキを _____ おきます。

(3) 친구와의 약속을 잊고 말았습니다.

友だちとの やくそくを _____。

(4) 여기에 들어가서는 안 됩니다.

ここに _____。

(5) 일본에서의 생활에 익숙해졌습니다.

日本での せいかつに _____。

72

3 다음 문장을 일본어로 쓰세요.

(1)　항상 손을 씻고 나서 밥을 먹어요.

　　　_____。

(2)　여기에서 사진을 찍어서는 안 됩니다.

　　　_____。

(3)　케이크를 혼자서 전부 먹어 버렸다.

　　　_____。

(4)　창문을 열어도 돼.

　　　_____。

(5)　작은 목소리로 이야기해 주세요.

　　　_____。

4 내용을 생각하며 제시된 동사를 て형 문형으로 바꾸어 대화를 완성해 보세요.

A　先生、レポートは きょうまでですね。
　　せんせい

B　レポートは あした　①出す　　　　　いいですよ。
　　　　　　　　　　　　　　だ

A　はい。あしたは かならず　②もつ　　　　　　　。

❋ 동사의 연결형이 포함된 예문을 살펴봅시다.

あたまを まもりながら つくえや テーブルの 下^{した}に
入^{はい}って ください。
머리를 지키면서 책상이나 테이블 아래에 들어가 주세요.

たてものの 近^{ちか}くから はなれて ください。
건물의 가까운 곳으로부터 떨어져 주세요.

近^{ちか}くの 学校^{がっこう}や 公園^{こうえん}に 行^いって ください。
가까운 학교나 공원에 가 주세요.

いそいで 火^ひを 止^とめて ください。
서둘러 불을 꺼 주세요.

UNIT 12

자동사와 타동사

밑줄 친 두 동사는 서로 어떻게 다를까요?

じゅぎょう はじ		じゅぎょう はじ
授業が 始まる	VS	授業を 始める
수업이 시작되다		수업을 시작하다

 해설 --

'시작되다'는 자동사이고, '시작하다'는 타동사입니다.
자동사는 행위의 대상이 되는 목적어가 필요 없는 동사이고 타동사는 목적어가 필요한 동사입니다. 「목적어 + を + 동사」 형태의 문장에서는 타동사를, 그렇지 않으면 자동사를 사용합니다.
UNIT 12에서는 자동사와 타동사에 대해 다루어 보겠습니다.

① 자동사와 타동사

다음은 자동사와 타동사가 쌍으로 존재하면서 사용 빈도가 높은 동사들입니다.

	자동사	타동사
①	上^あがる 오르다	上^あげる 올리다
②	始^{はじ}まる 시작되다	始^{はじ}める 시작하다
③	終^おわる 끝나다	終^おえる 끝내다
④	止^とまる 서다	止^とめる 세우다
⑤	落^おちる 떨어지다	落^おとす 떨어뜨리다
⑥	起^おきる 일어나다, 깨다	起^おこす 깨우다
⑦	壊^{こわ}れる 부서지다, 망가지다	壊^{こわ}す 부수다, 망가뜨리다
⑧	開^あく 열리다	開^あける 열다
⑨	入^{はい}る 들어가(오)다	入^いれる 넣다
⑩	売^うれる 팔리다	売^うる 팔다
⑪	出^でる 나가(오)다	出^だす 꺼내다

TIP 기본형의 형태만으로 자동사와 타동사를 완벽하게 구분할 수는 없지만 어느 정도 유추는 가능합니다. 위 표의 동사 ①~④를 보면 자동사는 「あ단+る」, 타동사는 「え단+る」의 형태를 하고 있습니다. 또한 ⑤~⑥을 보면 자동사는 「い단+る」, 타동사는 「お단+す」의 형태를 하고 있지요. 이 두 가지 형태를 잘 알아두면 자동사·타동사를 구분하는 데 도움이 됩니다.

자동사는 목적어를 동반하지 않으며 조사는 「が」를 사용하고, 타동사는 목적어를 동반하며 조사는 「を」를 사용합니다.

자동사	타동사
① 気温が 上がる 기온이 올라가다	温度を 上げる 온도를 올리다
② 夏休みが 始まる 여름 방학이 시작되다	食事を 始める 식사를 시작하다
③ テストが 終わる 시험이 끝나다	テストを 終える 시험을 끝내다
④ くるまが 止まる 자동차가 서다	くるまを 止める 자동차를 세우다
⑤ さいふが 落ちる 지갑이 떨어지다	さいふを 落とす 지갑을 떨어뜨리다
⑥ 子どもが 起きる 아이가 일어나다	子どもを 起こす 아이를 깨우다
⑦ スマホが 壊れる 스마트폰이 망가지다	建てものを 壊す 건물을 부수다
⑧ まどが 開く 창문이 열리다	まどを 開ける 창문을 열다
⑨ お金が 入る 돈이 들어오다	お金を 入れる 돈을 넣다
⑩ りんごが 売れる 사과가 팔리다	りんごを 売る 사과를 팔다
⑪ ねつが 出る 열이 나다	新聞を 出す 신문을 꺼내다

1 다음 동사가 자동사인지 타동사인지 구별하여 쓰세요.

> (보기) はじまる → 타동사

(1) 出る → _____   (2) 止まる → _____

(3) 開ける → _____   (4) 起こす → _____

(5) 売る → _____   (6) 出す → _____

(7) 終える → _____   (8) 入る → _____

(9) 入れる → _____   (10) 始める → _____

2 우리말을 참고하여 일본어 문장을 완성하세요.

(1) 가방에서 책을 꺼냈습니다.

かばんから 本を _____。

(2) 돈은 여기에 넣어 주세요.

お金は ここに _____ ください。

(3) 다음 주부터 여름 방학이 시작됩니다.

らいしゅうから 夏休みが _____。

(4) 지금부터 시험을 시작합니다.

今から しけんを _____。

(5) 다나카 씨가 창문을 열었습니다.

田中さんが まどを _____。

3 다음 문장을 일본어로 쓰세요.

(1) 신학기에는 노트북이 잘 팔린다.

_____。

(2) 야마다 씨, 지갑이 떨어졌어요.

_____。

(3) 오늘은 7시에 일이 끝났습니다.

_____。

(4) 나는 매일 아침 오전 6시에 일어납니다.

_____。

(5) 더우니까 창문을 엽시다.

_____。

4 빈칸에 알맞은 동사를 넣어 대화를 완성해 보세요.

A すみません。まどを ① _____ いいですか。

B はい。どうぞ。

A あ、すずしい かぜが ② _____ きましたね。

✳ 자동사와 타동사가 포함된 예문을 살펴봅시다. ─────────────

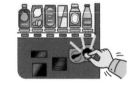

お金を 入れて ください。

돈을 넣어 주세요.

おふろに 入る。

욕조에 들어간다(목욕을 한다).

2かいに 上がる。

2층으로 올라간다.

手を 上げて ください。

손을 들어 주세요.

家族が こたつに 集まる。

가족이 고타쓰에 모인다.

私は かわいい ぬいぐるみを 集めるのが 好きです。

저는 귀여운 인형을 모으는 것을 좋아합니다.

UNIT 13

진행

밑줄 친 두 동사는 서로 어떻게 다를까요?

> わたし   み
> 私は　テレビを　見て　いる。

 해설

밑줄 친 부분에 주목해 보세요. 「見る 보다」의 연결형(て형)에 「いる 있다」가 이어 나오고 있습니다. 직역하면 '보고'+'있다'니까 '보고 있다'가 됩니다.

나는 TV를 보고 있다.

'~하고 있다'라는 의미의 현재 진행형은 「동사의 て형 + いる」의 형태로 표현합니다. UNIT 13에서는 동사의 진행형에 대해 알아보겠습니다.

어떤 동작이 계속되고 있음을 나타내는 '진행'의 의미로 사용하거나 습관처럼 자주 함을 나타내는 '반복'의
의미로 사용합니다.

동사て형 + いる

① 진행

彼女は ごはんを 食べて いる。
그녀는 밥을 먹고 있다.

今、何を して いますか。
지금 무엇을 하고 있습니까?

まどを 開けて います。
창문을 열고 있습니다.

日本の ドラマを 見て います。
일본 드라마를 보고 있습니다.

自分の なまえを 書いて います。
자신의 이름을 쓰고 있습니다.

へやで 音楽を 聞いて います。
방에서 음악을 듣고 있습니다.

ひとりで そうじを して います。
혼자서 청소를 하고 있습니다.

彼は 今、車を 運転して いる。
그는 지금 자동차를 운전하고 있다.

友だちと おちゃを 飲んで います。
친구와 차를 마시고 있습니다.

じてんしゃが はやく 走って いる。
자전거가 빠르게 달리고 있다.

うみで 泳いで います。
바다에서 수영하고 있습니다.

② 반복 (습관, 직업, 일반적인 사실 등)

上野さんは 高校で 英語を おしえて います。
우에노 씨는 고등학교에서 영어를 가르치고 있습니다.

彼女は 病院で 働いて います。
그녀는 병원에서 일하고 있습니다.

TIP 「～ている」를 반복의 의미로 사용할 때는 다음과 같은 단어와 함께 쓰이는 경우가 많습니다.

まいあさ 매일 아침	まいにち 매일	まいしゅう 매주

さいきん 최근	いつも 항상

まいあさ りんごを 食べて いる。
매일 아침 사과를 먹고 있다.

まいあさ 父は この 道を 走って いる。
매일 아침 아버지는 이 길을 달리고 있다.

私は 毎日 公園を さんぽして いる。
나는 매일 공원을 산책하고 있다.

まいしゅう 本屋に 行って います。
매주 서점에 가고 있습니다.

さいきん フランス語の 勉強を して います。
최근 프랑스어 공부를 하고 있습니다.

この 時間は いつも 道が こんで いる。
이 시간에는 항상 길이 막힌다.

キム先生は いつも そう 言って います。
김 선생님은 항상 그렇게 말합니다.

1 괄호 안에 들어갈 말로 자연스러운 것을 고르세요.

(1) 今、何を (　　　　　) いますか。

① する 　　　　　② します 　　　　③ して 　　　　④ かれて

(2) まいあさ りんごを (　　　　　) います 。

① 食べ 　　　　　② 食べり 　　　　③ 食べる 　　　　④ 食べて

(3) さいきん 忙しくて まいにち 夜10時まで しごとを (　　　　　)。

① して います 　② して みます 　③ して いいです 　④ して おきます

(4) 日本の ドラマを (　　　　　) います。

① 来て 　　　　　② 飲んで 　　　　③ 見て 　　　　④ 止めて

(5) 鈴木さんは いつも そう (　　　　　) います。

① 言って 　　　　② 言う 　　　　③ 言い 　　　　④ 言て

2 우리말을 참고하여 일본어 문장을 완성하세요.

(1) 이 가게에는 매일 많은 사람이 오고 있습니다.

この 店には 毎日 多くの 人が ＿＿＿＿＿＿＿＿＿＿＿＿＿。

(2) 아이가 혼자서 책을 읽고 있습니다.

子どもが ひとりで 本を ＿＿＿＿＿＿＿＿＿＿＿＿＿。

(3) 자동차가 빠르게 달리고 있습니다.

車が はやく ＿＿＿＿＿＿＿＿＿＿＿＿＿。

(4) 그는 하루종일 TV를 보고 있습니다.

彼は 一日中 テレビを ＿＿＿＿＿＿＿＿＿＿＿＿＿。

(5) 저 시계는 계속 멈춰 있습니다.

あの 時計は ずっと ＿＿＿＿＿＿＿＿＿＿＿＿＿。

3 다음 문장을 일본어로 쓰세요.

(1) 매일 일본어를 공부하고 있습니다.

_____。

(2) 카페에서 커피를 마시고 있습니다.

_____。

(3) 우에다 씨는 중학교에서 일본어를 가르치고 있습니다.

_____。

(4) 친구와 전화로 이야기하고 있습니다.

_____。

(5) 주말에는 언제나 도서관에 가고 있습니다.

_____。

4 제시된 동사를 진행 표현으로 바꾸어 대화를 완성해 보세요.

A 休みの 日には 何を ①する _____ か。

B うちで ②寝る _____ ことが 多いです。

A そうですか。私と 同じですね。

✸ 진행 표현이 포함된 예문을 살펴봅시다.

ゆりさん、歌が 上手ですね。
유리 씨, 노래를 잘 하네요.

ええ、歌を 歌って いる時 とても 楽しいです。
네, 노래를 부르고 있을 때, 매우 즐거워요.

✸ 어휘력 UP!

① ● 授業中 수업 중 ● 電話中 전화 중 ● 会議中 회의 중
  ● 食事中 식사 중 ● 旅行中 여행 중

「명사+中」의 형태로 진행을 표현하기도 합니다.

② ● 一日中 하루 종일 ● 今日中 오늘 중, 오늘 안

「中」를 「ちゅう」가 아닌 「じゅう」라고 발음하면 위와 같이 전혀 다른 뜻이 되기도 합니다.

상태

두 상황과 어울리는 말을 연결하세요.

1 자동차를 세우고 있다 ·   · 상태

2 자동차가 세워져 있다 ·   · 진행

문장1은 사람이 차를 움직이고 있는 상황이므로 '진행'이며 문장2는 자동차가 움직임을 마치고 정지해 있으므로 '상태'가 됩니다.

1 車を 止めて いる。 차를 세우고 있다. (진행)
2 車が 止まって いる。 차가 세워져 있다. (상태)

두 문장 모두「〜て いる」문형이지만 의미가 다르지요.
UNIT 14에서는 동사의 상태 표현에 대해 알아보겠습니다.

'~해 있다'는 어떤 동작이 끝나고 그 결과가 지속되고 있는 상태를 나타낼 때 쓰이는 표현입니다.

자동사 + て いる

① 자동사 + て いる [단순 상태]

동작의 목적과 관계없이 결과가 자연히 남아 있는 상태, 즉 보이는 것 그대로의 상태를 표현할 때 사용합니다.

本屋の 前に 自転車が 止まって いる。
서점 앞에 자전거가 세워져 있다.

スマホが かばんの 中に 入って いる。
스마트폰이 가방 안에 들어 있다.

この まどは いつも 開いて います。
이 창문은 항상 열려 있습니다.

さいふが 落ちて います。
지갑이 떨어져 있습니다.

お客さんが 来て います。
손님이 와 있습니다.

TIP 일반적으로는 자동사와 함께 사용하지만 다음과 같이 타동사를 사용하기도 합니다.

彼女は きれいな きものを 着て います。
그녀는 예쁜 기모노를 입고 있습니다.

私は 結婚して います。
저는 결혼했습니다.

② 타동사 + **て ある** [의도된 상태]

「て ある」는 누군가가 어떠한 의도나 목적을 가지고 일부러 한 행동의 결과를 표현할 때 사용하며 타동사와 함께 쓰입니다.

まどが 開けて あります。
창문이 (누군가에 의해) 열려 있습니다.

ここに 先生の 名前が 書いて ある。
여기에 선생님의 이름이 (누군가에 의해) 쓰여 있다.

花屋の 前に 自転車が 止めて ある。
꽃가게 앞에 자전거가 (누군가에 의해) 세워져 있다.

本は つくえの 上に おいて あります。
책은 책상 위에 (누군가에 의해) 올려져 있습니다.

한 번에 정리하기!

진행과 상태 표현의 차이를 잘 알아 둡시다.

진행	타동사 + て いる	ドアを 開けて いる。 문을 열고 있다.
상태	자동사 + て いる	ドアが 開いて いる。 문이 열려 있다.
	타동사 + て ある	ドアが 開けて ある。 문이 열려 있다(누군가가 문을 열어 둔 상태이다).

1 괄호 안에 들어갈 말로 자연스러운 것을 고르세요.

(1) 先生は クラス全員の 名前を (　　　　　) います。

　　① 知る　　　　② 知って　　　③ 知り　　　④ 知った

(2) 彼女は 赤いセーターを (　　　　　)。

　　① きて いる　　② きて おく　　③ きて ある　　④ きて しまう

(3) ざっしは つくえの 上に (　　　　　) あります。

　　① 見て　　　　② おいて　　　③ 止めて　　　④ 開けて

(4) こんな 時間には こうえんで だれも (　　　　　)。

　　① あそんで います　　　　　② あそんで いません

　　③ あそんで いました　　　　④ あそんで いましょう

(5) おとうとは めがねを かけて (　　　　　)。

　　① います　　　② します　　　③ あります　　　④ しります

2 우리말을 참고하여 일본어 문장을 완성하세요.

(1) 책상 밑에 볼펜이 떨어져 있다.

　　つくえの 下に ボールペンが _____。

(2) 상자 안에 과자가 들어 있습니다.

　　はこの 中に おかしが _____。

(3) 지금 손님이 와 있습니다.

　　今 お客さんが _____。

(4) 가게 앞에 차가 세워져 있다.

　　店の 前に 車が _____。

3 다음 문장을 일본어로 쓰세요.

(1) 여기에 이름이 쓰여 있습니다.

_____ 。

(2) 책상 위에 스마트폰이 놓여 있다.

_____ 。

(3) 김씨는 안경을 쓰고 있다.

_____ 。

(4) 이 창문은 항상 열려 있다.

_____ 。

(5) 야마다 씨는 결혼했습니다.

_____ 。

4 제시된 동사를 상태 표현으로 바꾸어 대화를 완성해 보세요.

A きものを 着(き)る _____ 人(ひと)が たくさん いますね。

B そうですね。とても きれいですね。

A はい。私(わたし)も 着(き)て みたいです。

✳ 상태 표현이 포함된 예문을 살펴봅시다.

「あけおめ」と 書^かいて あるけど、
これ、何^{なに}?
「あけおめ」라고 쓰여 있는데,
이거 뭐야?

「あけまして おめでとう」
と いう いみだよ。
'새해 복 많이 받으세요'
라는 의미야.

あけおめ

✳ 어휘력 UP!

「似^にる 닮다」「住^すむ 살다」「知^しる 알다」 등의 상태를 나타내는 동사는 「似^にて いる 닮았다」「住^すんで いる 산다(살고 있다)」「知^しって いる 안다(알고 있다)」처럼 「～て いる」의 형태로만 사용합니다.

● あの 人^{ひと}は 山田^{やまだ}さんに 似^にて いる。 저 사람은 야마다 씨를 닮았다.

● 私^{わたし}は 大阪^{おおさか}に 住^すんで いる。 나는 오사카에 산다.

● その 歌^{うた}、知^しって いるよ。 그 노래, 알아.

UNIT 15

동사의 과거형 (た형)

다음은 친한 친구 간의 대화입니다. 어떤 부분이 어색할까요?

> **A** きのう、山田さんに 会いました。
>
> 어제, 야마다 씨를 만났습니다.
>
> **B** 山田さんに 会って、何を しましたか。
>
> 야마다 씨를 만나서 무엇을 했습니까?

 해설

일본어로도 친한 친구 사이에는 '했습니다'와 같은 정중한 말투는 거의 사용하지 않고 반말체를 사용합니다. 위 대화의 경우 '만났어', '했어?'라고 해야 자연스러운 반말체 표현이 되며, 그러기 위해서는 동사를 과거형으로 사용해야 합니다.

동사의 연결형을 て형이라 부르듯이 동사의 과거형은 た형이라고 합니다.

UNIT 15에서는 동사의 반말 과거형인 た형 활용법에 대해 알아보겠습니다.

동사의 반말 과거형인 た형은 '~했다'라고 해석합니다. て형과 た형은 「て」를 「た」로 바꾸는 것 외에 활용 방법이 동일합니다.

1그룹			
く ➡ いた	書く 쓰다	➡	書いた 썼다
ぐ ➡ いだ	いそぐ 서두르다		いそいだ 서둘렀다
う つ ➡ った る	会う 만나다 待つ 기다리다 乗る 타다	➡	会った 만났다 待った 기다렸다 乗った 탔다
ぬ む ➡ んだ ぶ	死ぬ 죽다 読む 읽다 遊ぶ 놀다	➡	死んだ 죽었다 読んだ 읽었다 遊んだ 놀았다
す ➡ した	話す 이야기하다	➡	話した 이야기했다
(예외) 行く ➡ 行った	行く 가다	➡	行った 갔다

2그룹			
「る」빼고 + た	食べる 먹다 見る 보다	➡	食べた 먹었다 見た 봤다

3그룹			
불규칙 활용	する 하다 来る 오다	➡	した 했다 来た 왔다

友だちに てがみを 書いた。
친구에게 편지를 썼다.

ここに 大きい 花が あった。
여기에 큰 꽃이 있었다.

きのう、新聞を ぜんぶ 読んだ。
어제 신문을 전부 읽었다.

そうじを してから、コーヒーを 飲んだ。
청소를 하고 나서 커피를 마셨다.

けさ、あたまが いたくて くすりを 飲んだ。
오늘 아침에 머리가 아파서 약을 먹었다.

にちようびから れんしゅうを 始めた。
일요일부터 연습을 시작했다.

友だちと 映画を 見に 行った。
친구와 영화를 보러 갔다.

かぞくと いっしょに ごはんを 食べた。
가족과 함께 밥을 먹었다.

すずきさんと 日本の テレビを 見た。
스즈키 씨와 일본 TV를 보았다.

本当に びっくりした。
정말로 깜짝 놀랐어.

車で 学校へ 来た。
자동차로 학교에 왔다.

TIP た형은 문장 내 서술어 역할 외에 뒤따라오는 명사를 수식하기도 합니다.

これは かみで 作った 人形です。
이것은 종이로 만든 인형입니다.

ここで 飲んだ コーヒーは とても おいしかったです。
여기에서 마신 커피는 매우 맛있었습니다.

1 다음 동사를 과거형(た형)으로 고쳐 쓰세요.

> 보기 　会う 만나다 → 会った 만났다

(1) 食べる 먹다 → _____ (2) いそぐ 서두르다 → _____

(3) 遊ぶ 놀다 → _____ (4) 来る 오다 → _____

(5) 話す 이야기하다 → _____ (6) 待つ 기다리다 → _____

(7) 帰る 돌아가다 → _____ (8) 行く 가다 → _____

(9) 入れる 넣다 → _____ (10) 飲む 마시다 → _____

2 우리말을 참고하여 일본어 문장을 완성하세요.

(1) 전철이 늦어서 역에서 1시간이나 기다렸다.

でんしゃが おくれて、えきで 1時間も _____。

(2) 버스를 타고 학교에 왔다.

バスに 乗って 学校へ _____。

(3) 도서관의 책은 어제 모두 반납했다.

としょかんの 本は きのう ぜんぶ _____。

(4) 시간이 별로 없어서 준비를 서둘렀다.

時間が あまり ないので じゅんびを _____。

(5) 백화점의 세일은 지난 주에 끝났다.

デパートの セールは せんしゅう _____。

3 다음 문장을 일본어로 쓰세요.

(1) 뉴스에서 들었다.

_____。

(2) 여기에는 큰 나무가 있었다.

_____。

(3) 밥을 먹고 나서 약을 먹었다.

_____。

(4) 신청서에 이름과 주소, 전화번호를 썼다.

_____。

(5) 오늘은 두꺼운 코트를 입었다.

_____。

4 제시된 동사를 과거형으로 바꾸어 대화를 완성해 보세요.

A 今日、遅かったね。昨日、何時に ①寝る_____ の?

B 2時か 3時だった。②起きる_____ 時は もう 9時だったよ。

A そう？学校 来ないから しんぱい ③する_____ よ。

✳ 동사의 과거형이 포함된 예문을 살펴봅시다.

ねえ、聞いた？
ゆかさんが 仕事を やめたって。
저기, 들었어?
유카 씨가 일을 그만 두었대.

ほんとう？
정말?

※ って는 완결된 문장 끝에 붙어 '~라고 해'라는 의미를 나타냅니다.(121p 참고)

✳ **어휘력 UP!**

「ごはんを 食べた 밥을 먹었다」「本を 読んだ 책을 읽었다」와 같이 동사의 た형은 일반적으로 과거 시제를 나타내지만, 회화에서는 다음과 같이 전혀 다른 의미로 사용하는 경우도 있습니다. 찾고 있던 물건을 발견했을 때 「あった！ 찾았다!, (여기) 있다!」라고 합니다. 또한 시장에서 상인이 「買った、買った！」라고 하는 것을 자주 들을 수 있는데, 이것은 '샀다'라는 의미가 아닌 '사세요, 사세요!' 하고 구매를 권유하는 말입니다.

동사의 과거형 (た형) 문형

아래의 질문에 대답해 보세요.

にほん い
日本へ 行った ことが ありますか。
일본에 간 적이 있습니까?

い
「行く 가다」의 た형「行った 갔다」를 사용하여 경험 유무를 묻는 문형을 사용한 문
장입니다. '있다' 혹은 '없다'로 대답하면 됩니다.

　　　　　있으면 ➡ あります 있습니다
　　　　　없으면 ➡ ありません 없습니다

た형 관련 문형은 과거 시제의 의미일 거라고 생각할 수 있지만 그렇지 않은 문형
들도 있습니다.
UNIT 16에서는 た형과 관련된 여러 문형에 대해 알아보겠습니다.

① 과거 의미와 관련 있는 문형

❋ ~た あとで ~한 후에(=てから) [시간적 선후 관계]

勉強を した あとで、そうじを します。 공부를 한 후에 청소를 합니다.

新聞を ぜんぶ 読んだ あとで、おふろに 入ります。
신문을 전부 읽은 후에 목욕을 합니다.

ごはんを 食べた あとで、薬を 飲んで ください。 밥을 먹은 후에 약을 먹어 주세요.

日記を 書いた 後で 寝ます。 일기를 쓴 후에 잡니다.

❋ ~た ことが ある/ない ~한 적이 있다/없다 [경험의 유무]

日本人と 日本語で 話した ことが ある。 일본인과 일본어로 이야기한 적이 있다.

ゆかたを 着た ことが ありますか。 유카타를 입은 적이 있습니까?

ひとりで 旅行に 行った ことが ない。 혼자서 여행 간 적이 없다.

日本の お酒は 飲んだ ことが ありません。 일본 술은 마신 적이 없습니다.

❋ ~た ばかりだ ~한 참이다, 막~했다, ~한지 얼마 되지 않았다 [사건의 직후]

韓国に 来たばかりです。 한국에 온지 얼마 되지 않았습니다.

この かばんは 買ったばかりです。 이 가방은 산지 얼마 되지 않았습니다.

けんは 大学生に なったばかりだ。 겐은 대학생이 된지 얼마 되지 않았다.

今 帰って きた ばかりで これから シャワーを する。
지금 막 돌아온 참이어서 이제부터 샤워를 한다.

② 과거 의미와 관련 없는 문형

✳ **～た ほうが いい** ~하는 편이 좋다 　　　　　　　　　　　　[충고]

今日は はやく 帰った ほうが いい。　오늘은 빨리 돌아오(가)는 편이 좋다.

いっしょうけんめい 勉強した ほうが いい。　열심히 공부하는 편이 좋다.

めがねを かけた ほうが いい。　안경을 쓰는 편이 좋다.

今日は 家で 休んだ ほうが いいです。　오늘은 집에서 쉬는 편이 좋습니다.

さきに 手を 洗った ほうが いいです。　먼저 손을 씻는 편이 좋습니다.

✳ **～たり ～たり する** ~하거나 ~하거나 하다 　　　　　　[동작의 나열]

彼は 韓国と 日本を 行ったり 来たり する。
그는 한국과 일본을 왔다 갔다 한다.

学校までは 車で 行ったり バスで 行ったり します。
학교까지는 차로 가거나 버스로 가거나 합니다.

どようびには しゅくだいを したり 買いものを したり します。
토요일에는 숙제를 하거나 쇼핑을 하거나 합니다.

しゅうまつには 本を 読んだり 映画を 見たり して いる。
주말에는 책을 읽거나 영화를 보거나 하고 있다.

私の しゅみは 音楽を 聞いたり 絵を かいたり する ことです。
나의 취미는 음악을 듣거나 그림을 그리거나 하는 것입니다.

1 괄호 안에 들어갈 말로 자연스러운 것을 고르세요.

(1)　しゅくだいを (　　　　　　) あとで しょくじを します.

　　① して　　　　② する　　　　③ した　　　　④ します

(2)　おとうとは 小学生に (　　　　　　) ばかりだ.

　　① なり　　　　② なった　　　　③ なって　　　　④ なる

(3)　日本で おんせんに (　　　　　　)が ありますか.

　　① いく もの　　② いった こと　　③ いった もの　　④ いきます こと

(4)　まだ しんかんせんに (　　　　　　) ことが ありません.

　　① のった　　　② のって　　　③ のり　　　④ のる

(5)　今日は 早く (　　　　　　) ほうが いいですよ.

　　① ね　　　　② ねて　　　　③ ねた　　　　④ ねり

2 우리말을 참고하여 일본어 문장을 완성하세요.

(1)　누군가와 같이 가는 편이 좋습니다.

　　だれかと いっしょに _____。

(2)　몸이 아플 때는 회사를 쉬는 편이 좋아요.

　　ぐあいが 悪い 時は 会社を _____よ。

(3)　영화를 보거나 만화책을 읽거나 하는 것이 취미입니다.

　　映画を _____ まんがを _____ するのが しゅみです.

(4)　다음 주부터 시험이니까 열심히 공부하는 편이 좋습니다.

　　らいしゅうから テストだから いっしょうけんめい _____。

(5)　이 가방은 산지 얼마 되지 않았습니다.

　　この かばんは _____です.

3 다음 문장을 일본어로 쓰세요.

(1) 소스를 넣은 다음에 섞어 주세요.

          _____。

(2) 일본어로 메일을 쓴 적이 있다.

          _____。

(3) 좀 더 기다리는 편이 좋아요.

          _____。

(4) 어제는 집에서 청소를 하거나 TV를 보거나 했습니다.

          _____。

(5) 감기에 걸려서 일주일이나 학교를 쉰 적이 있습니다.

          _____。

4 내용을 생각하며 제시된 동사를 적당한 문형으로 바꾸어 대화를 완성해 보세요.

A 田中さんは 北海道に ①行く＿＿＿＿＿＿＿ が ありますか。

B いいえ、まだ ありません。鈴木さんは？

A ありますよ。おんせんに ②入る＿＿＿＿＿＿ スキーを

   ②する＿＿＿＿＿＿＿ しました。

어떻게 쓰일까?

✳ 동사의 과거형 문형이 포함된 예문을 살펴봅시다. ────────

> きものを 着た ことが ありますか。
> 기모노를 입은 적이 있나요?

> いいえ、ありません。いつか 着て みたいです。
> 아뇨, 없어요. 언젠가 입어보고 싶어요.

✳ **어휘력 UP!** ────────

'방금 ~했다, ~한 참이다, ~한지 얼마 되지 않았다'라고 어떤 일이 일어난 후를 나타낼 때는 「た형 + ば かりだ」나 「た형 + ところだ」라는 문형을 사용합니다. 이 두 표현은 비슷해 보이지만 뉘앙스에 차이 가 있습니다. 「た형 + ところだ」는 지금 막 일어난 일에만 사용하고, 「た형 + ばかりだ」는 직후가 아 닌 그다지 시간이 지났다고 느끼지 않을 때에도 사용합니다.

- 今 家を 出た ところです。あと 5分ぐらい かかると 思います。
  지금 막 집을 나왔어요. 앞으로 5분 정도 걸릴 것 같아요.
- むすめは 今年 大学に 入った ばかりです。
  딸은 올해 대학에 입학한지 얼마 되지 않았어요.

UNIT 17

동사의 부정형 [ない형]

다음 표를 보고 동사에 어떻게 「ない」를 붙여 부정형이 되는지 생각해 보세요.

분류	기본형		부정형
1그룹	読む		読まない
2그룹	食べる	➡	食べない
3그룹	する		しない

 해설

동사 끝에 「ない」를 붙이면 부정형이 됩니다. 이때 **1그룹**은 어미의 형태를 あ단으로 바꾼 후, **2그룹**은 「る」를 떼고 「ない」를 붙이며 **3그룹**은 불규칙 활용을 합니다. UNIT 17에서는 동사의 부정형(ない형)에 대해 자세히 알아보겠습니다.

① **동사의 부정형(ない형)**

동사를 '~하지 않다'의 의미를 가진 '부정형'으로 만들기 위해서는 동사 끝에 「ない」를 붙여야 합니다. 각 그룹별로 기본형을 어떻게 부정형으로 바꾸는지 알아 봅시다.

1그룹 う단 → あ단 + ない	読む 읽다	読まない 읽지 않다
	送る 보내다	送らない 보내지 않다
	行く 가다	行かない 가지 않다
	話す 이야기하다	話さない 이야기하지 않다
2그룹 「る」빼고 + ない	食べる 먹다	食べない 먹지 않다
	見る 보다	見ない 보지 않다
	着る 입다	着ない 입지 않다
3그룹 불규칙 활용	する 하다	しない 하지 않다
	来る 오다	来ない 오지 않다

TIP 1그룹 동사 중 기본형의 마지막 글자가 「う」인 동사는 「~あない」가 아닌 「~わない」의 형태가 된다는 점에 주의하세요.

買う 사다 → 買わない 사지 않다

会う 만나다 → 会わない 만나지 않다

言う 말하다 → 言わない 말하지 않다

使う 사용하다 → 使わない 사용하지 않다

すしは 食_たべない。 초밥은 먹지 않는다.

にちようびは 学校_{がっこう}に 行_いかない。 일요일은 학교에 가지 않는다.

高_{たか}い かばんは 買_かわない。 비싼 가방은 사지 않는다.

彼_{かれ}は お酒_{さけ}を 飲_のまない。 그는 술을 마시지 않는다.

私_{わたし}は 新聞_{しんぶん}を あまり 読_よまない。 나는 신문을 별로 읽지 않는다.

今日_{きょう}は 鈴木_{すずき}さんが 来_こない。 오늘은 스즈키 씨가 오지 않는다.

彼女_{かのじょ}は 部屋_{へや}に 入_{はい}らない。 그녀는 방에 들어가지 않는다.

どようびは 家_{いえ}に 帰_{かえ}らない。 토요일은 집에 돌아가(오)지 않는다.

今日_{きょう}は 友_{とも}だちに 会_あわない。 오늘은 친구와 만나지 않는다.

彼_{かれ}は ぜんぜん 運動_{うんどう}を しない。 그는 전혀 운동을 하지 않는다.

鈴木_{すずき}さんは スマホも パソコンも ぜんぜん 使_{つか}わない。
스즈키 씨는 스마트폰도 컴퓨터도 전혀 사용하지 않는다.

いらない ものを すてました。 필요 없는 것을 버렸습니다.

ゆっくり 話_{はな}しますから、わからない 時_{とき}は 言_いって ください。
천천히 이야기할 테니까 모를 때는 말해 주세요.

한 번에 정리하기!

3그룹 동사의 활용 형태를 정리해 봅시다. 특히 「来_くる」는 활용형에 따라 읽는 법이 달라지니 주의하세요.

기본형	정중형(ます형)	연결형(て형)	과거형(た형)	부정형(ない형)
する 하다	します	して	した	しない
来_くる 오다	来_きます	来_きて	来_きた	来_こない

1 괄호 안에 들어갈 말로 자연스러운 것을 고르세요.

(1) 夜は コーヒーを (　　　　　　)。
① 飲むない　　② 飲みない　　③ 飲まない　　④ 飲もない

(2) うさぎは くさを 食べるが、にくは (　　　　　　)。
① 食べない　　② 食べたい　　③ 食べます　　④ 食べらない

(3) 時間が ないから 彼は (　　　　　) でしょう。
① きない　　② くない　　③ かない　　④ こない

(4) 授業では 歌を (　　　　　　)。
① 歌あない　　② 歌いない　　③ 歌わない　　④ 歌うない

(5) テストが 終わるまで テレビは (　　　　　)。
① 見ない　　② 見ないだ　　③ 見わない　　④ 見るない

2 우리말을 참고하여 일본어 문장을 완성하세요.

(1) 스즈키 씨는 컴퓨터를 전혀 사용하지 않는다.
鈴木さんは パソコンを ぜんぜん ＿＿＿＿＿＿＿＿＿＿＿＿＿＿。

(2) 책은 한 달에 한 권도 읽지 않는다.
本は いっかげつに いっさつも ＿＿＿＿＿＿＿＿＿＿＿＿＿。

(3) 지금 교실에는 아무도 없다.
今、きょうしつには だれも ＿＿＿＿＿＿＿＿＿＿＿＿。

(4) 이번 주는 일이 많아서 시간이 없다.
こんしゅうは 仕事が 多くて 時間が ＿＿＿＿＿＿＿＿＿＿＿＿＿。

(5) 우리 집에는 개도 고양이도 없다.
うちには いぬも ねこも ＿＿＿＿＿＿＿＿＿＿＿＿。

3 다음 문장을 일본어로 쓰세요.

(1) 필요 없는 물건은 사지 않는다.

_____。

(2) 오늘은 집에 돌아가지 않는다.

_____。

(3) 요즘 그녀에게서 메일이 오지 않는다.

_____。

(4) 내일부터는 지각하지 않겠다.

_____。

(5) 학생도 휴일에는 교복을 입지 않는다.

_____。

4 제시된 동사를 부정형으로 바꾸어 대화를 완성해 보세요.

> A しごとが ①終わる　　　　　よ。
>
> B たいへんね。②わかる　　　　　ところは ないの？
>
> A あ、ここ、教えて ください。

❈ 동사의 부정형이 포함된 예문을 살펴봅시다.

❈ **어휘력 UP!**

「ある 있다」의 부정 표현은 무엇일까요? 안타깝게도 「あらない」라는 표현은 없습니다. 「本が　ない 책이 없다」와 같이 「ある」의 부정 표현은 「ない」만 사용합니다.

UNIT 18

동사의 부정형 〔ない형〕 문형

두 문장의 의미를 각각 설명해 보세요.

> 1 行って ください。　가 주세요.
> ―――――――――――――――――――
> 2 行かないで ください。　가지 말아 주세요.

 해설

「~て ください」는 상대에게 무언가를 요청할 때 사용하는 문형입니다. 문장1과 문장2의 형태는 유사하지만, 문장2에는 동사에 부정의 의미인 「ない」가 붙어 있어요.

문장1은 상대에게 '가는 행동'을 요청하는 문장이라면 문장2는 상대에게 '가는 행동을 하지 말 것', 즉 '가지 말 것'을 요청하는 문장입니다.

UNIT 18에서는 ない형과 관련된 여러 문형에 대해 알아보겠습니다.

① 주요 문형 비교 なくて vs ないで

두 문형은 상황에 따라 '원인, 이유'를 나타내기도 하고 '단순 나열'을 나타내기도 해요. 이유를 나타낼 때는 「なくて」를, 어떤 상황에서 동작을 했는지 여부를 나타낼 때는 「ないで」를 사용합니다.

❋ **～なくて** ~하지 않아서 　　　　　　　　　　　[원인, 이유]

だれも いなくて 帰って きました。　아무도 없어서 돌아왔습니다.

お金を もって こなくて 買わなかった。　돈을 가지고 오지 않아서 사지 않았다.

❋ **～ないで** ~하지 않고 　　　　　　　　　　　　[단순 나열]

映画を 見ないで 帰って しまった。　영화를 보지 않고 돌아와 버렸다.

しゅくだいを しないで 学校へ 行きました。　숙제를 하지 않고 학교로 갔습니다.

② ない형 관련 문형

❋ **～ない ほうが いい** ~하지 않는 편이 좋다 　　　　[충고]

夜は あまい ものを 食べない ほうが いい。　밤에는 단 것을 먹지 않는 편이 좋다.

たばこを すわない ほうが いいです。　담배를 피우지 않는 편이 좋습니다.

❋ **～なくても いい** ~하지 않아도 된다 　　　　　　　[허가]

英語で 話さなくても いい。　영어로 이야기하지 않아도 된다.

ぜんぶ 飲まなくても いいです。　전부 마시지 않아도 됩니다.

❋ **〜なければ ならない** ~하지 않으면 안 된다, ~해야 한다   [상식, 의무]

この くすりを 飲^のまなければ ならない。이 약을 먹지 않으면 안 된다.

学生^{がくせい}は 勉強^{べんきょう}しなければ なりません。학생은 공부해야 합니다.

❋ **〜なくては ならない** ~하지 않으면 안 된다, ~해야 한다   [상식, 의무]

くつは ここで ぬがなくては ならない。신발은 여기에서 벗어야 한다.

しゅくだいは 明日^{あした} 出^ださなくては ならない。숙제는 내일 내지 않으면 안 된다.

❋ **〜なくては いけない** ~하지 않으면 안 된다, ~해야 한다   [상식, 의무]

今日^{きょう}は はやく 家^{いえ}に 帰^{かえ}らなくては いけない。오늘은 빨리 집에 돌아가야 한다.

毎日^{まいにち} れんしゅうしなくては いけない。매일 연습하지 않으면 안 된다.

❋ **〜ないで ください** ~하지 마세요   [금지]

お酒^{さけ}を 飲^のまないで ください。술을 마시지 마세요.

たばこを すわないで ください。담배를 피우지 마세요.

TIP 친구나 가족 등과 같은 친근한 상대에게는「ください」를 생략할 수 있어요.

この 本^{ほん}、読^よまないで。이 책, 읽지 마.

1 괄호 안에 들어갈 말로 자연스러운 것을 고르세요.

(1) 家に だれも (　　　　　　) そのまま 帰って きました。

① いないで　　② いなくて　　③ いなかって　　④ いないって

(2) 雨だから 外で (　　　　　　) 家で テレビを 見ました。

① あそんで　　② あそびながら　　③ あそびたくて　　④ あそばないで

(3) これは ゆうびんきょくから (　　　　　　) コンビニから 送って ください。

① 送って　　② 送ったり　　③ 送らないで　　④ 送らなくて

(4) 明日は きょうかしょを もって (　　　　　　) いいです。

① こなくても　　② きなくても　　③ くるでも　　④ きたでも

(5) あぶないから 夜の 道は (　　　　　　) ないで ください。

① あるか　　② あるき　　③ あるく　　④ あるいても

2 우리말을 참고하여 일본어 문장을 완성하세요.

(1) 밤늦게 운동하지 않는 편이 좋다.

夜おそく うんどう _____。

(2) 거기에는 아무 것도 쓰지 않아도 된다.

そこには 何も _____。

(3) 역에 9시까지 도착하지 않으면 안 된다.

えきに 9時までに _____。

(4) 병원에서 담배를 피우지 마세요.

病院で たばこを _____ ください。

(5) 영어 문제를 몰라서 시험에 떨어졌다.

英語の もんだいが _____ しけんに 落ちた。

3 다음 문장을 일본어로 쓰세요.

(1)　이 문제는 책을 보지 않고 대답해 주세요.

_____。

(2)　입학식은 부모와 같이 오지 않아도 된다.

_____。

(3)　감기 때는 목욕탕에 들어가지 마세요.

_____。

(4)　3층까지는 계단을 쓰지 않으면 안 됩니다(써야 합니다).

_____。

(5)　그렇게 많이 먹지 않는 편이 좋다.

_____。

4 내용을 생각하며 제시된 동사를 적당한 문형으로 바꾸어 대화를 완성해 보세요.

> A　ここで しゃしんを とっても いいですか。
>
> B　すみません。ここでは ┃とる┃ _____ ください。
>
> A　そうですか。わかりました。

✳ 동사의 부정형 문형이 포함된 예문을 살펴봅시다. ───────────

> さる、かわいいですね。
> 원숭이, 귀엽네요.

> ええ、でも、あぶないですから、
> さわらないで ください。
> 네, 하지만 위험하니까
> 만지지 마세요.

✳ **어휘력 UP!** ────────────────────────────

동사의 부정 표현에는 「〜ず(に) ~하지 않고」도 있습니다. 하지만 「〜ず(に)」는 무겁고 딱딱한 느낌의 문어체 표현입니다. 동사의 부정형 어미에 「〜ず(に)」를 붙이며, 「する 하다」는 「せず(に) 하지 않고」라는 전혀 다른 형태가 된다는 것도 기억해 둡시다.

- ごはんを 食べずに、学校に 行った。 밥을 먹지 않고 학교에 갔다.
- あいさつも せずに 帰って しまった。 인사도 하지 않고 돌아와 버렸다.

UNIT
19

전언 표현

아래 세 문장의 공통점은 무엇일까요?

> 1 장 선생님은 전주에서 왔대.
>
> 2 장 선생님은 전주에서 왔다고 해.
>
> 3 장 선생님은 전주에서 왔다고 들었어.

모두 전언(伝言), 즉 타인의 말을 전달하는 문장입니다. 일본어에는 다양한 전언 표현이 있는데, 위 세 문장은 다음과 같은 전언 표현을 사용합니다.

> 1 장 선생님은 전주에서 왔다 + って。
>
> 2 장 선생님은 전주에서 왔다 + そうだ。
>
> 3 장 선생님은 전주에서 왔다 + と 聞いた。

UNIT 19에서는 남에게 말을 전달하는 전언 표현에 대해서 알아보겠습니다.

보통체 + そうだ

① そうだ ~라고 한다

명사 ~だ+そうだ	学生 학생	➡	学生だそうだ 학생이라고 한다
い형용사 ~い+そうだ	おいしい 맛있다	➡	おいしいそうだ 맛있다고 한다
な형용사 ~だ+そうだ	好きだ 좋아하다	➡	好きだそうだ 좋아한다고 한다
동사 ~V+そうだ	降る (비·눈이) 내리다	➡	降るそうだ (비·눈이) 내린다고 한다

キムさんは 有名な げいのうじんだそうだ。 김 씨는 유명한 연예인이라고 한다.

この ケーキは とても おいしいそうだ。 이 케이크는 매우 맛있다고 한다.

田中さんは 仕事を やめるそうです。 다나카 씨는 일을 그만둔다고 합니다.

吉田さんが 明日の パーティーに 来るそうです。 요시다 씨가 내일 파티에 온다고 합니다.

② ~と 聞いた ~라고 들었다

明日は 天気が よく ないと 聞いた。 내일은 날씨가 좋지 않다고 들었다.

あの 二人、来月 結婚すると 聞きました。 저 두 사람, 다음 달에 결혼한다고 들었습니다.

沖縄には めずらしい 料理が 多いと 聞きました。
오키나와에는 진귀한 요리가 많다고 들었습니다.

118

③ 〜って ~래

「〜と 聞いた」의 축약 표현으로 회화 상황에서 많이 쓰여요.

彼は 今日の パーティーに 来ないって。 그는 오늘 파티에 오지 않는대.

びょうきで バイトを 休むって。 아파서 아르바이트를 쉰대.

この 店の とんかつは とても おいしいって。 이 가게의 돈가스는 아주 맛있대.

> **TIP** 회화 상황에서 묻는 말로 「って？」가 쓰이기도 해요. 이것은 「〜と いうのは 何？ ~라는 것은 뭐
> 야?」라는 의미로, 잘 모르는 것에 대하여 질문할 때 쓰는 말이랍니다.
>
> A 話って？
>
> B あ、授業の後、映画見に行かない？.

한 번에 정리하기!

「〜です ~입니다」「〜ます ~합니다」 등으로 끝나는 문장을 정중체(정중형)라고 하지요. 반대로 「〜だ ~이다」
「〜た ~했다」 등으로 끝나는 반말체 문장을 보통체라고 합니다.

* じゃ＝では / ありません＝ないです

품사	구분		현재		과거	
			정중체	보통체	정중체	보통체
명사		긍정	N+です	N+だ	N+でした	N+だった
		부정	N+じゃありません	N+じゃない	N+じゃありませんでした	N+じゃなかった
형용사	い 형용사	긍정	어간+い+です	어간+い	어간+かったです	어간+かった
		부정	어간+くありません	어간+くない	어간+くありませんでした	어간+くなかった
	な 형용사	긍정	어간+です	어간+だ	어간+でした	어간+だった
		부정	어간+じゃありません	어간+じゃない	어간+じゃありませんでした	어간+じゃなかった
동사	1그룹 2그룹	긍정	ます형	기본형	ます형 어간 + ました	た형
		부정	ます형 어간+ません	ない형	ます형 어간 + ませんでした	ない형 어간+なかった
	3그룹 する	긍정	します	する	しました	した
		부정	しません	しない	しませんでした	しなかった
	来る	긍정	来ます	来る	来ました	来た
		부정	来ません	来ない	来ませんでした	来なかった

1 괄호 안에 들어갈 말로 자연스러운 것을 고르세요.

(1) キムさんの 子^こどもは こうこうせい (　　　　　)。

① そうだ　　　　② なそうだ　　　③ だそうだ　　　④ のそうだ

(2) らいしゅう 韓国^{かんこく}に (　　　　　) そうです。

① 行^いく　　　　② 行^いき　　　　③ 行^いか　　　　④ 行^いて

(3) 今回^{こんかい}の テストは (　　　　　) そうだ。

① 難^{むずか}し　　　② 難^{むずか}しく　　　③ 難^{むずか}しかった　　④ 難^{むずか}しな

(4) つぎの バスは ３０分後^{さんじゅっぷん ご}に (　　　　　)。

① 来^こそうだ　　② 来^きてそうだ　　③ 来^きますそうだ　　④ 来^くるそうだ

(5) あの カフェは コーヒーが とても (　　　　　)と 聞^ききました。

① おいしい　　　② おいし　　　③ おいしく　　　④ おいしくて

2 우리말을 참고하여 일본어 문장을 완성하세요.

(1) 내일은 날씨가 좋지 않다고 들었다.

明日^{あした}は 天気^{てんき}が ＿＿＿＿＿＿＿＿＿＿＿＿＿＿＿＿＿＿＿。

(2) 그녀는 감기에 걸려서 아르바이트를 쉰대.

彼女^{かのじょ}は かぜを ひいて バイトを ＿＿＿＿＿＿＿＿＿＿＿＿＿＿。

(3) 다나카 씨는 일을 그만둔다고 합니다.

田中^{たなか}さんは 仕事^{しごと}を ＿＿＿＿＿＿＿＿＿＿＿＿＿＿＿。

(4) 오늘은 오후부터 비가 온다고 합니다.

今日^{きょう}は ごごから 雨^{あめ}が ＿＿＿＿＿＿＿＿＿＿＿＿＿＿＿＿。

(5) 저 두사람은 다음 달에 결혼한다고 들었습니다.

あの 二人^{ふたり}は 来月^{らいげつ} ＿＿＿＿＿＿＿＿＿＿＿＿＿＿＿＿＿。

3 다음 문장을 일본어로 쓰세요.

(1) 오사카에는 맛있는 요리가 많다고 들었습니다.

_____。

(2) 다나카 씨는 오늘 학교에 오지 않는대.

_____。

(3) 마네키네코(まねきねこ)라는 게 (뭐야)?

_____。

(4) 야마다 씨는 시험에 합격했다고 합니다.

_____。

(5) 그는 한국에서 유명한 가수라고 한다.

_____。

4 내용을 생각하며 제시된 동사를 적당한 문형으로 바꾸어 대화를 완성해 보세요.

A こんしゅうの　パーティー、林_{はやし}さんは　①来_くる　　　　って。

B えっ？ ほんとう？どうして？

A かぞくりょこうが　あるって　②聞_きく　　　　。

✳ 전언 표현이 포함된 예문을 살펴봅시다.

木村さんが 明日の
パーティーに 来るそうです。
기무라 씨가 내일
파티에 온다고 하네요.

へえ、木村さんが 来るんですか。
ひさしぶりですね。
어? 기무라 씨가 와요?
오랜만이네요.

✳ 어휘력 UP!

전언 표현은 「～に よると ~에 의하면」과 함께 자주 쓰입니다. 정보의 출처를 나타내는 표현으로 전언 표현 앞에 붙어 한 문장이 됩니다.

● 天気予報に よると、明日 雪が 降るそうです。
일기 예보에 의하면 내일 눈이 내린다고 합니다.

● ニュースに よると、どようびからは あたたかく なるそうです。
뉴스에 의하면 토요일부터는 따뜻해질거라고 합니다.

UNIT 20

추측 표현

다음의 두 문장의 내용과 어울리는 말을 각각 연결하세요.

1 雨^{あめ}が 降^ふるそうだ。・ ・ 추측

2 雨^{あめ}が 降^ふりそうだ。・ ・ 전언

해설

어떤 일에 대해 미루어 짐작하고 생각하여 불확실한 판단을 표현하는 '추측 표현'은 '~인 것 같다, ~인 듯 하다'라고 해석합니다.

1 雨^{あめ}が 降^ふるそうだ。 비가 내린다고 한다 (전언)
2 雨^{あめ}が 降^ふりそうだ。 비가 내릴 것 같다 (추측)

UNIT 19에서 배운 「そうだ」는 전언과 추측의 용법을 모두 가지고 있습니다. 동사 기본형인 「降^ふる (비·눈이) 내리다」에 「そうだ」를 붙이면 전언 표현이 되고, ます형의 어간에 「そうだ」를 붙이면 추측 표현이 됩니다.
UNIT 20에서는 여러 가지 추측 표현에 대해 알아보겠습니다.

① そうだ 상황을 직접 보고 추측할 때

'そうだ'는 어떤 일이 금방이라도 일어날 것 같은 상황에서 사용합니다. 자신이 직접 보고 추측한 것이기 때문에 확신을 갖고 있다는 느낌을 줍니다. 「そうだ」는 형용사와 동사와 함께 사용합니다.

い형용사	어간+そうだ	おいしい 맛있다	➡	おいしそうだ 맛있을 것 같다
な형용사	어간+そうだ	好きだ 좋아하다	➡	好きそうだ 좋아하는 것 같다
동사	ます형+そうだ	降る (비·눈이) 내리다	➡	降りそうだ 내릴 것 같다

今にも 雨が 降りそうです。 (어두운 하늘을 보니) 지금이라도 비가 내릴 것 같습니다.

わあ、辛そうな 料理ですね。 (요리를 보니) 와, 매워 보이는 요리군요.

주의 추측의 「そうだ」를 쓸 때 다음 사항에 유의하세요.

✳ 기본 활용법과 형태가 다른 경우

ない 없다/아니다 → なさそうだ 없는/아닌 것 같다

元気が なさそうだ。 (얼굴을 보니) 기운이 없는 것 같다.

いい 좋다 → よさそうだ 좋은 것 같다

彼女は あたまが よさそうだ。 (말이나 행동을 보니) 그녀는 머리가 좋은 것 같다.

✳ 부정 추측 표현

동사 ます형/가능형 + そうに ない / そうも ない / そうにも ない ~할 것 같지 않다

今日は 雨が 降りそうに ない。 (하늘을 보니) 오늘은 비가 내릴 것 같지 않다.

これでは 6時までに つけそうに ない。 이래서는 6시까지 도착하지 못할 것 같다.

② **ようだ/みたいだ** 감각과 경험에 따라 종합적으로 추측할 때

오감으로 느끼는 감각적인 경험이나 관찰한 것을 종합적으로 판단하여 추측할 때 사용합니다. 단정적으로 말하는 것을 피하고 말을 부드럽게 하기 위해 문장의 끝에 붙이기도 합니다. 「みたいだ」는 「ようだ」와 같은 의미로 일상 회화에서 많이 쓰인답니다.

품사		ようだ(주관적 근거)	みたいだ(ようだ의 회화체)	의미
명사	先生	先生のようだ	先生みたいだ	선생님인 것 같다
い형용사	おいしい	おいしいようだ	おいしいみたいだ	맛있는 것 같다
な형용사	好きだ	好きなようだ	好きみたいだ	좋아하는 것 같다
동사	降る	降るようだ	降るみたいだ	내릴 것 같다

かぜのようですね。 (의사가 진찰을 마친 후) 감기인 것 같네요.

吉田さんは 毎日 サッカーを して いる。サッカーが 大好きなようだ。
요시다 씨는 매일 축구를 한다. 축구를 매우 좋아하는 것 같다.

山田さんは 映画ばかり 見て いる。彼は 映画が 好きみたいだ。
야마다 씨는 영화만 본다. 그는 영화를 좋아하는 것 같다.

③ **らしい** 간접적으로 얻은 정보로 추측할 때

간접적으로 듣거나 읽은 정보로 추측하는 것이어서 추측의 근거를 정확히 알 수 없다는 느낌이 있습니다.

명사	명사 + らしい	先生 선생님	➡	先生らしい 선생님인 것 같다
い형용사	기본형 + らしい	おいしい 맛있다	➡	おいしいらしい 맛있는 것 같다
な형용사	어간 + らしい	好きだ 좋아하다	➡	好きらしい 좋아하는 것 같다
동사	기본형 + らしい	降る (비·눈이) 내리다	➡	降るらしい 내릴 것 같다

この レストランの カレーは おいしいらしい。
(누군가로부터 들은 바에 따르면) 이 레스토랑의 카레는 맛있는 것 같다.

彼は 来週、日本へ 帰るらしいです。
(누군가 한 말에 따르면) 그는 다음 주에 일본으로 돌아갈 것 같습니다.

1 괄호 안에 들어갈 말로 자연스러운 것을 고르세요.

(1) パクさんは 映画が (   ) ようだ。

    ① 好きだ   ② 好きで   ③ 好きな   ④ 好きに

(2) とても (   ) そうな 料理ですね。

    ① おいし   ② おいしい   ③ おいしく   ④ おいしくて

(3) 今日は 雨が (   ) ない。

    ① 降り   ② 降る   ③ 降るそうに   ④ 降りそうに

(4) 彼は 来週 日本へ (   ) らしい。

    ① 帰り   ② 帰って   ③ 帰った   ④ 帰る

(5) 吉田さんは サッカーが (   ) みたいだ。

    ① きらいな   ② きらい   ③ きらいじゃ   ④ きらいだ

2 주어진 추측 표현을 활용하여 빈칸에 들어갈 말을 일본어로 쓰세요.

(1) 발음이 일본인인 것 같아요. (ようだ)

    はつおんが ＿＿＿＿＿＿＿＿＿＿＿＿＿＿＿。

(2) 버스보다 택시가 더 빠른 것 같다. (ようだ)

    バスより タクシーの ほうが ＿＿＿＿＿＿＿＿＿＿＿＿＿。

(3) 지금이라도 비가 내릴 것 같다. (そうだ)

    今にも 雨が ＿＿＿＿＿＿＿＿＿＿＿＿＿。

(4) 그는 운동을 좋아하는 것 같다. (みたいだ)

    彼は うんどうが ＿＿＿＿＿＿＿＿＿＿＿＿＿。

(5) 여기의 카레는 맛있는 것 같다. (らしい)

    ここの カレーは ＿＿＿＿＿＿＿＿＿＿＿＿＿。

3 주어진 추측 표현을 활용하여 다음 문장을 일본어로 쓰세요.

(1) 내일 날씨는 비일 것 같다. (ようだ)

＿＿＿＿＿＿＿＿＿＿＿＿＿＿＿＿＿＿＿＿＿＿＿＿＿＿＿＿＿＿。

(2) 이 레스토랑은 맛있지만 비쌀 것 같다. (そうだ)

＿＿＿＿＿＿＿＿＿＿＿＿＿＿＿＿＿＿＿＿＿＿＿＿＿＿＿＿＿＿。

(3) 작년에는 5월에 눈이 내린 것 같다. (ようだ)

＿＿＿＿＿＿＿＿＿＿＿＿＿＿＿＿＿＿＿＿＿＿＿＿＿＿＿＿＿＿。

(4) 야마다 씨의 딸은 아빠보다 키가 큰 것 같다. (みたいだ)

＿＿＿＿＿＿＿＿＿＿＿＿＿＿＿＿＿＿＿＿＿＿＿＿＿＿＿＿＿＿。

(5) 오늘은 시간이 없는 것 같습니다. 내일 다시 합시다. (ようだ)

＿＿＿＿＿＿＿＿＿＿＿＿＿＿＿＿＿＿＿＿＿＿＿＿＿＿＿＿＿＿。

4 내용을 생각하며 제시된 단어를 추측 표현으로 바꾸어 대화를 완성해 보세요.

A あ、その おかし ① おいしい　　　　そうですね。

B そうでしょ？ ゆうめいな マカロンです。

A さいきん 出た しおパンも ② おいしい　　　　らしいですよ。

✳ 추측 표현이 포함된 예문을 살펴봅시다.

✳ **어휘력 UP!**

「ようだ」는 비유 용법으로도 쓰입니다. 「まるで 夢の 中に いるようだ 마치 꿈 속에 있는 것 같다」
처럼 어떠한 상황에 빗대어 말할 때 사용합니다.

- まるで 人形のような 女の 子だ。 마치 인형 같은 여자아이다.
- 手が まるで 氷のように 冷たい。 손이 마치 얼음처럼 차갑다.
- 彼は まるで 死んだように 寝て いる。 그는 마치 죽은듯이 자고 있다.

UNIT 21

명령 표현

다음 말을 듣는 사람의 기분은 어떨까요?

> 1 はやく 行け！ 빨리 가!
>
> 2 これ、見ろ！ 이거, 봐!

 해설

명령 듣는 것을 좋아하는 사람이 있을까요?
「行け」「見ろ」와 같은 명령형 문장은 경우에 따라 상대방에게 불쾌감을 줄 수 있으니 사용에 주의해야 합니다.
UNIT 21에서는 여러 가지 명령 표현에 대해 알아보겠습니다.

① 동사 활용 명령어

일본어의 명령형은 다음과 같이 그룹별로 다르게 활용하며 '~해(라)'라고 해석해요. 일상생활에서는 다급하거나 응원하는 상황에서 자주 사용됩니다.

✳ 동사의 명령형

1그룹 う단 → え단	待^まつ 기다리다	待^まて 기다려
	読^よむ 읽다	読^よめ 읽어
	行^いく 가다	行^いけ 가
	話^{はな}す 이야기하다	話^{はな}せ 이야기해

待つ 기다리다 → 待て 기다려
読む 읽다 → 読め 읽어
行く 가다 → 行け 가
話す 이야기하다 → 話せ 이야기해

2그룹　「る」 빼고 + ろ

食べる 먹다 → 食べろ 먹어
見る 보다 → 見ろ 봐
着る 입다 → 着ろ 입어

3그룹　불규칙 활용

する 하다 → しろ 해
来る 오다 → 来い 와

薬を 飲め。　약을 먹어.

はやく 言え！　빨리 말해!

ごはん、食べろ。　밥, 먹어.

もう 10時だ。はやく 帰れ。　벌써 10시다. 빨리 돌아가.

あついから、まどを 開けろ。　더우니까 창문을 열어.

明日も こっちに 来い。　내일도 이쪽으로 와.

先生が 静かに しろと 言った。 선생님이 조용히 하라고 했다.

みんな、がんばれ！　모두 힘내!

130

✳ 동사의 て형

명령형보다는 조금 부드러운 지시·부탁의 뉘앙스를 가지고 있습니다.

さきに ごはん 食^たべて。 먼저 밥 먹어.

これ、見^みて。かわいい！ 이거 봐. 귀엽다!

気^きを つけてね。 조심해(조심히 가).

② 명령 표현의 문형

✳ 동사의 ます형 + なさい ~하세요, ~하렴

가벼운 명령을 나타냅니다. 정중하고 부드러운 느낌이 있지만 지시하는 어조이므로 윗사람에게는
사용하지 않습니다.

勉強^{べんきょう}しなさい。 공부하렴.

ごはんを 食^たべなさい。 밥을 먹으렴.

はやく 帰^{かえ}りなさい。 빨리 돌아가세요.

大^{おお}きい 声^{こえ}で 読^よみなさい。 큰 목소리로 읽으세요.

明日^{あした}までに 宿題^{しゅくだい}を 出^だしなさい。 내일까지 숙제를 내세요.

はやく 寝^ねなさい。 빨리 자렴.

元気^{げんき} 出^だしなさい。 기운 내.

✳ 동사의 기본형 + な ~하지 마

강한 어조로 무언가를 금지시킬 때 사용하는 명령 표현입니다.

かってに 使^{つか}うな。 마음대로 사용하지 마.

ここに 入^{はい}るな。 여기에 들어가지 마.

ごみを すてるな。 쓰레기를 버리지 마.

二度^{にど}と 来^くるな。 두 번 다시 오지 마.

확인해 보자

1 괄호 안에 들어갈 말로 자연스러운 것을 고르세요.

(1) もう 少^{すこ}しだ！（　　　　　）！

① がんばる　　② がんばり　　③ がんばれ　　④ がんばった

(2) それは あぶない！（　　　　　）！

① やめろ　　② やめた　　③ やめれ　　④ やめない

(3) 先生^{せんせい}の 話^{はなし}を よく（　　　　　）！

① しろ　　② 会^あえ　　③ 待^まて　　④ 聞^きけ

(4) 家^{いえ}に いないで そとで（　　　　　）！

① あそぶろ　　② あそべ　　③ あそばれ　　④ あそびて

(5) 9時^{く じ}までに うんどうじょうに（　　　　　）！

① 来^こよ　　② 来^こせ　　③ 来^こい　　④ 来^これ

2 우리말을 참고하여 일본어 문장을 완성하세요.

(1) 여기서 잠깐 기다려.

ここで ちょっと _____。

(2) 내일 일찍 출발하니까 빨리 자렴.

明日^{あした} 早^{はや}く しゅっぱつするから はやく _____。

(3) 가위로 여기서 여기까지 잘라.

はさみで ここから ここまで _____。

(4) 이름을 일본어로 쓰세요.

名前^{な まえ}を 日本語^{に ほん ご}で _____。

(5) 여기에 쓰레기를 버리지 마.

ここに ごみを _____。

3 다음 문장을 일본어로 쓰세요.

(1) 매일 1시간 책을 읽으세요.

_____。

(2) 차보다 빨라. 전철 타고 와.

_____。

(3) 문 앞에 서 있어!

_____。

(4) 여기에 주소와 이름을 써.

_____。

(5) 이것은 누구에게도 이야기하지 마.

_____。

4 내용을 생각하며 제시된 단어를 명령 표현으로 바꾸어 대화를 완성해 보세요.

A ①おきる   。

B やだ。あと 5分……。
          ご ふん

A ダメ！ 遅刻するよ！ はやく ②する   。
         ち こく

✳ 명령 표현이 포함된 예문을 살펴봅시다. ─────────

야채も 食べなさい。
채소도 먹으렴.

いやだよ！きらいだもん。
싫어! 싫어한단 말야.

✳ 어휘력 UP! ─────────

「〜なさい」와 동사의 명령형은 모두 명령의 의미를 갖지만 뉘앙스에 차이가 있습니다. 「〜なさい」는 부드럽고 정중한 느낌이 있어서 우리말로는 '~하세요, ~하렴' 정도로 해석할 수 있어요. 반면에 「しろ」「帰れ」 등과 같은 동사의 명령형은 정중함이 전혀 없기 때문에 사용에 주의해야 합니다.

● 勉強しなさい。 공부하세요(공부하렴).

● 勉強しろ。 공부해.

UNIT 22

수수 동사 (주다)

다음 두 문장 속 '주다'의 차이점은 무엇일까요?

> **1** 나는 그에게 선물을 주었다.
>
> ──────────────────
>
> **2** 그는 나에게 선물을 주었다.

우리말로는 '내가 남에게' 무언가를 건넬 때도, '남이 나에게' 건넬 때도 모두 '주다'라고 표현합니다. 그런데 일본어로는 이 두 가지를 구별하여 다른 동사를 사용합니다.
UNIT 22에서는 수수 동사 중에서 '주다'의 의미를 가진 여러 동사들에 대해 알아보겠습니다.

① あげる 주다(나·남 → 남)

상대방에 따라 「やる」「あげる」「さしあげる」를 구별해서 사용합니다.

주어	やる	あげる	さしあげる
주어	나·남		
상대방	아랫사람, 동·식물	또래·친한 사람	윗사람
의미	주다		드리다

✳ 명사를 수수 동사   [상대에게 '물건'을 줄 때]

私は 毎日 花に 水を やる。 나는 매일 꽃에 물을 준다.

彼女は 毎朝 犬に えさを やります。 그녀는 매일 아침 개에게 먹이를 줍니다.

私は 日本人の 友だちに 韓国語の 本を あげた。
나는 일본인 친구에게 한국어 책을 주었다.

彼は こいびとに お花を あげました。 그는 연인에게 꽃을 주었습니다.

林さんは 先生に おみやげを さしあげました。 하야시 씨는 선생님께 선물을 드렸습니다.

✳ 동사て 수수 동사   [상대에게 어떤 '행동'을 해줄 때]

さんぽの あと 犬を ふろに 入れて やりました。 산책 후 강아지를 목욕시켜 주었습니다.

私が 韓国語を 教えて あげます。 내가 한국어를 가르쳐 줄게요.

私は 先生に ペンを かして さしあげた。 나는 선생님에게 펜을 빌려드렸다.

② **くれる** 주다[남 → 나·남]

상대방에 따라「くれる」「くださる」를 구별해서 사용합니다.

	くれる		くださる
주어	나·남		
	아랫사람, 친한 사람		윗사람
의미	주다		주시다

「くださる」의 정중형은「くださります」가 아닌「くださいます 주십니다」로, 과거 정중형은「くださりま した」가 아닌「くださいました 주셨습니다」라는 점에 유의하세요.

伊藤さんは 毎朝 私に 新聞を くれる。
이토 씨는 매일 아침 나에게 신문을 준다.

伊藤さんは 毎朝 私に 新聞を 読んで くれる。
이토 씨는 매일 아침 나에게 신문을 읽어 준다.

先生が 私に ノートを くださいました。
선생님이 나에게 노트를 주셨습니다.

先生が 私に 日本語を 教えて くださいました。
선생님이 나에게 일본어를 가르쳐 주셨습니다.

TIP '내'가 속한 가족, 단체, 모임 등일 경우에는 남(3인칭)이어도「くれる」를 쓸 수 있습니다.

学校で クラスの みんなに ノートを くれました。
학교에서 학급 모두에게 노트를 주었습니다.

1 괄호 안에 들어갈 말로 자연스러운 것을 고르세요.

(1) 会社の 人が 私に 日本の おみやげ (　　　　　) くれました。

　① が 　　　　　② に 　　　　　③ で 　　　　　④ を

(2) 学生たちは 先生に 花たばを (　　　　　) よていだ。

　① やる 　　　　② くれる 　　　　③ あげる 　　　　④ さしあげる

(3) 木村さんが 私に 日本語を おしえて (　　　　　)。

　① あげました 　　② くれました 　　③ やりました 　　④ しまいました

(4) にわの 花に 水 (　　　　　)。

　① やりました 　② くれました 　③ さしあげました 　④ くださいました

(5) 父は 子どもたちに クリスマス プレゼントを (　　　　　)。

　① さしあげた 　② あげた 　　③ くださる 　　④ くれる

2 우리말을 참고하여 일본어 문장을 완성하세요.

(1) 남자 친구가 모자를 주었다.
　彼氏が ぼうしを ＿＿＿＿＿＿＿＿＿＿＿＿＿＿＿＿＿＿＿。

(2) 선생님께 선물을 드렸습니다.
　先生に おみやげを ＿＿＿＿＿＿＿＿＿＿＿＿＿＿＿＿＿。

(3) 길을 모르는데 가르쳐 주세요.
　道が わかりませんが ＿＿＿＿＿＿＿＿＿＿＿＿＿＿＿。

(4) 친구에게 책을 빌려 주었습니다.
　友だちに 本を ＿＿＿＿＿＿＿＿＿＿＿＿＿＿＿＿＿＿。

(5) 아버지가 저에게 용돈을 주셨습니다.
　父が 私に こづかいを ＿＿＿＿＿＿＿＿＿＿＿＿＿＿＿。

3 다음 문장을 일본어로 쓰세요.

(1) 여동생의 숙제를 도와 주었다.

　　　　　　　　　　　　　　　　　　　　　　　　　　　。

(2) 그가 나에게 예쁜 꽃을 주었다.

　　　　　　　　　　　　　　　　　　　　　　　　　　　。

(3) 엄마는 항상 맛있는 요리를 만들어 주신다.

　　　　　　　　　　　　　　　　　　　　　　　　　　　。

(4) 친구에게 우산을 빌려 주었다.

　　　　　　　　　　　　　　　　　　　　　　　　　　　。

(5) 다나카 씨가 교토를 안내해 주었습니다.

　　　　　　　　　　　　　　　　　　　　　　　　　　　。

4 빈칸에 알맞은 수수 동사를 넣어 대화를 완성해 보세요.

A　バレンタインデーに　友<ruby>とも</ruby>だちに　チョコを　①　　　　　ました。

B　うわ、うらやましいです。

A　これ、佐藤<ruby>さとう</ruby>さんにも　②　　　　　ます。よかったら　どうぞ。

✳ 수수 동사가 포함된 예문을 살펴봅시다. ─────────────

手伝（てつだ）って くれて ありがとう。
도와줘서 고마워.

ううん。
아니야.

 틀리기 쉬운 일본어 ──────────────────

1

- 昨日（きのう）、先生（せんせい）に おみやげを やりました。 어제 선생님께 선물을 주었습니다. ✕
- 昨日（きのう）、先生（せんせい）に おみやげを さしあげました。 어제 선생님께 선물을 드렸습니다. ◯

2

- その にもつ、持（も）って あげましょうか。 그 짐, 들어줄까요? ✕
- その にもつ、お持（も）ちしましょうか。 그 짐, 들어드릴까요? ◯

동사 「あげる」는 나와 친근한 사람 혹은 아랫사람에게 사용하기 때문에 이처럼 도움을 주려는 상황에서는 나를 상대적으로 낮추는 겸양 표현을 사용하여, 「お持（も）ちしましょうか 들어드릴까요?」라고 말하는 것이 좋습니다.

수수 동사
(받다)

다음 문장은 어떤 의미일까요?

^{はは}
母に ケーキを ^{つく}作って もらいました。
엄마에게 케이크를 만들어 받았습니다.

이 문장을 직역하면 위와 같이 어색집니다. '~해 받다'는 우리말에 없는 표현이지만
일본에서는 흔히 사용하는 문형 표현입니다. 이 문장을 우리말로 자연스럽게 의역
하면 '엄마가 케이크를 만들어 주었습니다'가 됩니다.
UNIT 23에서는 수수 동사 중 '받다'라는 의미의 여러 동사들에 대해 알아보겠습
니다.

① もらう 받다[남 → 나·남]

상대방에 따라 「もらう」「いただく」를 구별해서 사용합니다.

	もらう	いただく
주어	나·남	
상대	친한 사람	윗사람
의미	받다	

✳ 명사를 수수 동사　　　　　　　　　　[상대에게 '물건'을 받을 때]

鈴木さんは 友だちに カードを もらった。 스즈키 씨는 친구에게서 카드를 받았다.

彼に プレゼントを もらいました。 그에게 선물을 받았습니다.

日本人の 友だちに ゆかたを もらった。 일본인 친구에게서 유카타를 받았다.

山田さんから 応援メッセージを いただきました。
야마다 씨에게 응원 메시지를 받았습니다.

先生から お手紙を いただいて とても うれしかった。
선생님으로부터 편지를 받아서 매우 기뻤습니다.

TIP 주어에 따라 수수 동사가 달라집니다. 다음의 두 문장은 의미가 같습니다.

私は 彼女に すうがくの 本を もらった。 나는 그녀에게서 수학책을 받았다.

彼女は 私に すうがくの 本を くれた。 그녀는 나에게 수학책을 주었다.

✳ 동사て 수수 동사 　　　　　　　　　　　[상대가 어떤 '행동'을 해줄 때]

「〜て もらう」와 「〜て いただく」의 경우 직역하면 '~해 받다'로, 우리말로는 '(상대가) ~해 주다' 정도로 의역할 수 있습니다.

私は 友だちに 日本語を 教えて もらう。
친구가 나에게 일본어를 가르쳐 준다.(나는 친구에게서 일본어를 가르쳐 받는다.)

山田さんに さいふを 買って もらいました。 야마다 씨가 지갑을 사 주었습니다.

スミスさんに 英語の 文章を 見て もらいました。
스미스 씨가 영어 문장을 봐 주었습니다.

田中先生に 日本人の 友だちを 紹介して いただきます。
다나카 선생님께서 일본인 친구를 소개해 주십니다.

② 수수 동사를 활용한 요청 표현

다른 사람에게 무언가를 의뢰할 때는 「〜て ください ~해 주세요」와 같은 직설적인 표현보다는 완곡하고 정중한 표현을 주로 사용합니다.

✳ 〜て もらえますか ~해줄 수 있습니까?(~해 주겠습니까?)

少し 待って もらえない？
좀 기다려 줄 수 있어?

もう 少し 大きい 声で 話して もらえますか。
좀 더 큰 소리로 이야기해 줄 수 있을까요?

✳ 〜て いただけますか ~해 주실 수 있습니까?(~해 주시겠습니까?)

学校を 案内して いただけますか。
학교를 안내해 주시겠습니까?

先生、この 問題 見て いただけませんか。
선생님, 이 문제 봐 주시면 안 될까요?

1 괄호 안에 들어갈 말로 자연스러운 것을 고르세요.

(1) 私は 山田さん (　　　　　) てがみを もらいました。

① に　　　　　　② が　　　　　　③ を　　　　　　④ は

(2) 病院から 薬を (　　　　　)。

① あげた　　　　② くれた　　　　③ もらった　　　④ やった

(3) せんぱいから いろいろ アドバイスを (　　　　　)。

① あげた　　　　② いただいた　　③ くれた　　　　④ くださった

(4) あのう、かさを かして (　　　　　)か。

① もらえます　　② さしあげます　③ やります　　　④ あげます

(5) 先生、この 問題 (　　　　　) いただけませんか。

① 見る　　　　　② 見た　　　　　③ 見て　　　　　④ 見に

2 우리말을 참고하여 일본어 문장을 완성하세요.

(1) 이웃 사람에게 야채를 많이 받았습니다.

となりの 人に 野菜を たくさん _____。

(2) 나카무라 씨가 주스를 사 주었습니다.

中村さんに ジュースを _____。

(3) 선생님이 제가 쓴 작문을 봐 주셨습니다.

先生に 私が 書いた 作文を _____。

(4) 작은 목소리로 이야기해 줄 수 있을까요?

小さい 声で 話して _____。

(5) 한번 더 말해 주실 수 없나요?

もう一度 _____。

3 다음 문장을 일본어로 쓰세요.

(1) 모르는 사람에게 메일을 받았다.

_____。

(2) 좀 기다려 줄 수 있을까요?

_____。

(3) 친구에게 생일 선물을 받았다.

_____。

(4) 선생님이 학교를 안내해 주셨습니다.(선생님께 학교를 안내 받았습니다.)

_____。

(5) 점원이 사용법을 설명해 주었습니다.(점원에게 사용법을 설명해 받았습니다.)

_____。

4 내용을 생각하며 수수 동사 「もらう」「いただく」를 적당한 문형으로 바꾸어 대화를 완성 해 보세요.

> A すみませんが、少し 待って ①＿＿＿＿＿ ますか？
>
> B うん。 来る 時に コーヒー 買って きて ②＿＿＿＿＿ ？
>
> A わかりました。

❋ 수수 동사가 포함된 예문을 살펴봅시다. ────────

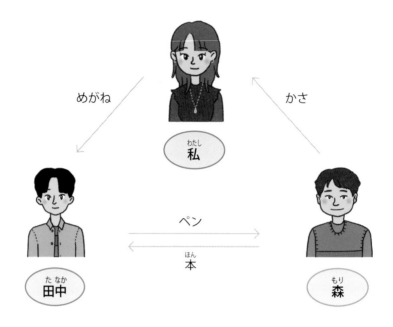

주어가 누구인지에 따라 다른 동사를 사용해요. 다음의 예문으로 확인하세요.

● 私は 田中さんに めがねを あげる。 나는 다나카 씨에게 안경을 준다.

─────────────────────────────────────

● 私は 森さんに かさを もらう。 나는 모리 씨에게 우산을 받는다.

　森さんは 私に かさを くれる。 모리 씨는 나에게 우산을 준다.

─────────────────────────────────────

● 田中さんは 森さんに ペンを あげる。 다나카 씨는 모리 씨에게 펜을 준다.

　森さんは 田中さんに ペンを もらう。 모리 씨는 다나카 씨에게 펜을 받는다.

─────────────────────────────────────

● 田中さんは 森さんに 本を もらう。 다나카 씨는 모리 씨에게 책을 받는다.

　森さんは 田中さんに 本を あげる。 모리 씨는 다나카 씨에게 책을 준다.

가능 표현

다음은 가능을 나타내는 문장이에요. 빈칸에 들어갈 말은 무엇인지 보기 중에서 골라 보세요.

＿＿＿ が できる

보기　スカート　日本語（にほんご）　スキー　明日（あした）

 해설 ------------------------------------

위 문장에서 「できる 할 수 있다」는 「する 하다」의 가능 동사이므로 빈칸에는 「日本語（にほん ご）」「スキー」가 들어가야 문장이 성립합니다.

정답　日本語（にほんご）が できる。 일본어를 할 수 있다.

スキーが できる。 스키를 탈 수 있다.

가능 표현은 「명사 + できる」의 형태로도 나타낼 수 있지만, 이 경우 함께 사용할 수 있는 명사가 제한적입니다. 그럴 때는 동사를 가능형으로 바꿔 사용해야 합니다. UNIT 24에서는 다양한 가능 표현에 대해 알아보겠습니다.

가능 표현은 사용하는 품사에 따라 두 가지로 나뉩니다.

명사	명사 + が できる
동사	동사 기본형 + ことが できる
	동사의 가능형

① 명사의 가능 표현

문형 「~が できる ~를 할 수 있다」를 사용합니다. 이때 명사 뒤에 「する 하다」가 붙는 동작성 명사나 외국어, 악기, 스포츠, 요리 등을 함께 사용합니다. 우리말과 다르게 조사는 「を ~을/를」이 아닌 「が ~이/가」를 쓴다는 점에 주의해야 합니다.

英語と 日本語が できる。 영어와 일본어를 할 수 있다.

車の 運転が できますか。 자동차 운전을 할 수 있습니까?

② 동사의 가능 표현

가능 표현에 쓰이는 동사는 대체로 주어의 의지를 나타내는 의지 동사입니다. 그래서 의지가 없는 「ある 있다」「降る (눈·비가) 내리다」 등과 같은 동사로는 만들 수 없습니다.
동사의 가능 표현은 기본형으로 만드는 방법과, 동사를 가능형으로 활용하는 방법이 있습니다. 회화에서는 비교적 간결한 동사의 가능형을 주로 사용합니다.

✳ 동사 기본형 + ことが できる

정중형은 「~ことが できます」, 부정형은 「~ことが できない/できません」입니다.

バスで ホテルへ 行く ことが できる。
버스로 호텔에 갈 수 있다.

先生の おかげで 大学に 入る ことが できました。
선생님 덕분에 대학에 들어갈 수 있었습니다.

雨で サッカーの 練習を する ことが できない。
비 때문에 축구 연습을 할 수 없다.

✳ 동사의 가능형

1그룹 우단 → 에단 + る	行^いく 가다	➡	行^いける 갈 수 있다
	送^{おく}る 보내다		送^{おく}れる 보낼 수 있다
	読^よむ 읽다		読^よめる 읽을 수 있다
	話^{はな}す 이야기하다		話^{はな}せる 이야기할 수 있다
2그룹 「る」 빼고 + られる	食^たべる 먹다	➡	食^たべられる 먹을 수 있다
	見^みる 보다		見^みられる 볼 수 있다
	着^きる 입다		着^きられる 입을 수 있다
3그룹 불규칙 활용	する 하다	➡	できる 할 수 있다
	来^くる 오다		来^こられる 올 수 있다

一人^{ひとり}で 帰^{かえ}れる。 혼자서 돌아갈 수 있다.

きれいな しゃしんが とれる。 예쁜 사진을 찍을 수 있다.

英語^{えいご}で 手紙^{てがみ}が 書^かける。 영어로 편지를 쓸 수 있다.

この 水^{みず}は 飲^のめない。 이 물은 마실 수 없다.

TIP 모든 그룹의 가능 동사는 형태상 2그룹 동사가 되기 때문에 정중형, 연결형, 부정형 등으로 활용할 때는 2그룹 동사처럼 활용합니다.

明日^{あした}も 来^こられます。 내일도 올 수 있습니다.

かんじが 読^よめますか。 한자를 읽을 수 있습니까?

フランス語^ごで 話^{はな}せません。 프랑스어로 말할 수 없습니다.

1 괄호 안에 들어갈 말로 자연스러운 것을 고르세요.

(1) 日本の まつりに ついて せつめい(　　　　　)。

① に なる　　　　② が する　　　　③ が できる　　　　④ で する

(2) 日本語と 英語を えらぶ (　　　　　) できる。

① 人に　　　　② ものが　　　　③ ことが　　　　④ ために

(3) この 建物は うらからも (　　　　　) ことが できる。

① はいる　　　　② はいり　　　　③ はいった　　　　④ はいって

(4) テストの 時、もんだいようしに (　　　　　)が できる。

① ファイル　　　　② メモ　　　　③ カット　　　　④ サイン

(5) 彼女は ピアノも ギターも (　　　　　) ことが できた。

① もつ　　　　② みる　　　　③ ふる　　　　④ ひく

2 동사의 가능형을 활용하여 빈칸에 들어갈 말을 일본어로 쓰세요.

(1) 그 과자는 편의점에서 살 수 있다.

その おかしは コンビニで ＿＿＿＿＿＿＿＿＿＿＿＿＿＿＿＿。

(2) 중국어로 말할 수 있어요?

中国語で ＿＿＿＿＿＿＿＿＿＿＿＿＿＿＿＿。

(3) 20세까지는 술을 마실 수 없다.

はたちまでは 酒は ＿＿＿＿＿＿＿＿＿＿＿＿＿＿＿＿。

(4) 일본에서는 대부분의 사람들이 자전거를 탈 수 있습니다.

日本では たいていの 人が 自転車に ＿＿＿＿＿＿＿＿＿＿＿＿＿＿＿＿。

(5) 어제는 오랜만에 친구를 만날 수 있었습니다.

昨日は ひさしぶりに 友だちに ＿＿＿＿＿＿＿＿＿＿＿＿＿＿＿＿。

3 다음 문장을 일본어로 쓰세요.

(1) 레스토랑 앞에서 1시간 기다려서 먹을 수 있었다.

        _____。

(2) 혼자 기모노를 입을 수 있습니다.

        _____。

(3) 내일도 올 수 있습니까?

        _____。

(4) 비행기 표도 컴퓨터로 예약할 수 있다.

        _____。

(5) 자전거를 타고 15분만에 올 수 있습니다.

        _____。

4 내용을 생각하며 제시된 단어를 가능 표현으로 바꾸어 대화를 완성해 보세요.

A　ジョンさんは　すしは　　①食(た)べる　　　　　ことが　できますか。

B　はい、好(す)きです。でも　なっとうは　②食(た)べる　　　　　られません。

A　じゃ、こんど、いっしょに　すしを　食(た)べに　行(い)きましょう。

어떻게 쓰일까?

※ 가능 표현이 포함된 예문을 살펴봅시다.

> マイケルさん、なっとう食べられますか。
> 마이클 씨, 낫토 먹을 수 있어요?

> わかりません。まだ 食べた ことが ないので…。
> 모르겠어요. 아직 먹어본 적이 없어서….

💡 **틀리기 쉬운 일본어**

형태가 비슷하기 때문에 1그룹 동사의 가능형과 동사의 명령형을 혼동하는 경우가 많습니다. 예를 들어 「行く 가다」의 가능형은 「行ける 갈 수 있다」이고 명령형은 「行け 가」입니다. 한 글자 차이로 의미가 완전히 달라집니다. 명령형 「行け」는 더 이상 활용을 할 수 없지만 가능형 「行ける」는 그 자체로 2그룹 동사이므로 「行けます 갈 수 있습니다」「行けません 갈 수 없습니다」 등으로 활용 가능합니다.

동사의 의지형

친한 친구 간의 대화입니다. 부자연스러운 곳을 찾아보세요.

A 映画を 見に 行きたいです。 영화를 보러 가고 싶습니다.

B 行きましょう。 갑시다.

 해설

친한 친구 사이에서는 「です ~입니다」 「ましょう ~합시다」와 같은 정중한 표현을 쓰지 않습니다. 위 대화를 반말체로 바꾸면 다음과 같습니다.

A 映画を 見に 行きたい。 영화를 보러 가고 싶어.
B 行こう。 가자.

「行こう 가자」는 「行く 가다」의 의지형이에요. 동사의 의지형은 '~하자'라고 해석합니다.
UNIT 25에서는 동사의 의지형과 관련 문형에 대해 알아보겠습니다.

동사의 의지형은 대상이 있는 문장이면 권유의 의미로 '~하자', 없을 때에는 의지의 의미인 '~해야지'라고 해석합니다.

1 동사의 의지형 활용

1그룹 う단 → お단 + う	行<ruby>行<rt>い</rt></ruby>く 가다	➡	行<ruby>行<rt>い</rt></ruby>こう 가자, 가야지
	待<ruby>待<rt>ま</rt></ruby>つ 기다리다		待<ruby>待<rt>ま</rt></ruby>とう 기다리자, 기다려야지
	読<ruby>読<rt>よ</rt></ruby>む 읽다		読<ruby>読<rt>よ</rt></ruby>もう 읽자, 읽어야지
	話<ruby>話<rt>はな</rt></ruby>す 이야기하다		話<ruby>話<rt>はな</rt></ruby>そう 이야기하자, 이야기해야지
2그룹 「る」빼고 + よう	食<ruby>食<rt>た</rt></ruby>べる 먹다	➡	食<ruby>食<rt>た</rt></ruby>べよう 먹자, 먹어야지
	見<ruby>見<rt>み</rt></ruby>る 보다		見<ruby>見<rt>み</rt></ruby>よう 보자, 봐야지
3그룹 불규칙 활용	する 하다	➡	しよう 하자, 해야지
	来<ruby>来<rt>く</rt></ruby>る 오다		来<ruby>来<rt>こ</rt></ruby>よう 오자, 와야지

明日<ruby>明日<rt>あした</rt></ruby>も 来<ruby>来<rt>こ</rt></ruby>よう。 내일도 오자/와야지.

そろそろ 帰<ruby>帰<rt>かえ</rt></ruby>ろう。 슬슬 돌아가자/돌아가야지.

いっしょに 英語<ruby>英語<rt>えいご</rt></ruby>で 話<ruby>話<rt>はな</rt></ruby>そう。 같이 영어로 이야기하자.

夏休<ruby>夏休<rt>なつやす</rt></ruby>みには 海<ruby>海<rt>うみ</rt></ruby>に 行<ruby>行<rt>い</rt></ruby>こう。 여름 방학에는 바다에 가자/가야지.

明日<ruby>明日<rt>あした</rt></ruby>は 早<ruby>早<rt>はや</rt></ruby>く 起<ruby>起<rt>お</rt></ruby>きて 勉強<ruby>勉強<rt>べんきょう</rt></ruby>しよう。 내일은 일찍 일어나서 공부하자/공부해야지.

今日<ruby>今日<rt>きょう</rt></ruby>の ばんごはん、魚料理<ruby>魚料理<rt>さかなりょうり</rt></ruby>に しよう。 오늘 저녁식사, 생선 요리로 하자/해야지.

いっしょに 映画<ruby>映画<rt>えいが</rt></ruby>でも 見<ruby>見<rt>み</rt></ruby>ようか。 같이 영화라도 볼까?

弁当<ruby>弁当<rt>べんとう</rt></ruby>と お茶<ruby>茶<rt>ちゃ</rt></ruby>でも 買<ruby>買<rt>か</rt></ruby>って 来<ruby>来<rt>こ</rt></ruby>ようか。 도시락과 차라도 사올까?

1か月<ruby>1<rt>いっ</rt></ruby><ruby>月<rt>げつ</rt></ruby>に 一冊<ruby>一冊<rt>いっさつ</rt></ruby>、本<ruby>本<rt>ほん</rt></ruby>を 読<ruby>読<rt>よ</rt></ruby>もう。 한 달에 한 권, 책을 읽어야지.

② 동사 의지형 관련 문형

두 문형 모두 '~하려고 생각하다, ~하려고 하다, ~할 생각이다'라는 의미이지만 약간의 뉘앙스의 차이가 있습니다.

✳ 동사 의지형 + と 思(おも)う ~하려고 하다, ~할 생각이다 [계획·예정]

말하는 사람의 계획이나 예정을 나타낼 때 사용합니다.

来年(らいねん)、けっこんしようと 思(おも)う。
내년에 결혼하려고 한다.

ケーキを 作(つく)ろうと 思(おも)って います。
케이크를 만들려고 생각하고 있습니다.

友(とも)だちと いっしょに 買(か)いものに 行(い)こうと 思(おも)って います。
친구와 함께 쇼핑하러 가려고 하고 있습니다.

7時(しちじ)の ニュースを 見(み)ようと 思(おも)います。
7시 뉴스를 보려고 합니다.

✳ 동사 의지형 + と する 막 ~하려고 하다, ~할 생각이다 [노력·의지]

어떤 일을 하려고 생각해서 그 일을 시작하기 직전일 때 사용합니다.

そうじを してから おふろに 入(はい)ろうと する。
청소를 하고 나서 목욕을 하려고 한다.

しごとを 終(お)えて、そろそろ 帰(かえ)ろうと して います。
일을 마치고 슬슬 돌아가려 하고 있습니다.

犬(いぬ)に えさを やった あとで、ごはんを 食(た)べようと して います。
개에게 먹이를 준 후에 밥을 먹을 생각입니다.

雨(あめ)が やんだので 出発(しゅっぱつ)しようと して います。
비가 그쳤으니 출발하려고 합니다.

1 괄호 안에 들어갈 말로 자연스러운 것을 고르세요.

(1) ここからは タクシーで (　　　　　)。

① 呼ぼう　　　② 乗ろう　　　③ 待とう　　　④ 行こう

(2) むずかしい もんだいは 先生に (　　　　　)か。

① きこう　　　② きいて　　　③ きかない　　　④ ききたい

(3) 一度 ゆっくり (　　　　　)と 思って いる。

① はなす　　　② はなし　　　③ はなそう　　　④ はなして

(4) ひるやすみに 電話を (　　　　　)と した。

① かける　　　② かけます　　　③ かけよう　　　④ かけない

(5) 来年 また (　　　　　)!

① きよう　　　② こよう　　　③ きたよう　　　④ くるよう

2 우리말을 참고하여 일본어 문장을 완성하세요.

(1) 오후에 놀러 가려고 합니다.

ごご 遊びに ＿＿＿＿＿＿＿＿＿＿と 思います。

(2) 후쿠오카에 여행하려고 계획하고 있다.

ふくおかに ＿＿＿＿＿＿＿＿＿＿と 計画して います。

(3) 내년에 유학하려고 생각하고 있다.

来年 ＿＿＿＿＿＿＿＿＿＿と 思って いる。

(4) 이따가 강아지에게 먹이를 줘야지.

あとで いぬに えさを ＿＿＿＿＿＿＿＿＿＿。

(5) 다음 달부터 저전거로 회사에 가자.

来月から 自転車で 会社に ＿＿＿＿＿＿＿＿＿＿。

3 다음 문장을 일본어로 쓰세요.

(1) 사인을 받으려고 한 시간 전에 왔습니다.

   _____ 。

(2) 한번 이야기해 보려고 생각하고 있습니다.

   _____ 。

(3) 슬슬 돌아가려고 하고 있습니다.

   _____ 。

(4) 생일에 태블릿을 사 줘야지.

   _____ 。

(5) 여기에 앉자.

   _____ 。

4 내용을 생각하며 제시된 동사를 적당한 문형으로 바꾸어 대화를 완성해 보세요.

A 映画を 見に ①行く   と 思いますが、林さんも どうですか。

B いいですね。どんな 映画ですか。

A にんげんが ライオンの 子どもを ②たすける   と する
   話です。

❋ 동사의 의지형이 포함된 예문을 살펴봅시다.

> みんなで 花見_{はなみ}に 行_いかない？
> 다 같이 꽃구경하러 가지 않을래?

> いいね。行_いこう。
> 좋네. 가자.

❋ 어휘력 UP!

말하는 사람의 의지를 나타내는 표현 중에 「〜つもりだ ~예정이다, ~생각이다」가 있습니다. 「〜つもりだ」는 앞에서 다룬 「동사의 의지형 + と 思_{おも}って いる」보다 화자의 강한 의지가 느껴지는 표현입니다. 또한 구체적인 계획이나 일정을 말할 때에는 「予定_{よてい}だ 예정이다」를 사용해요.

• かるくて 安_{やす}い スマホを 買_かう つもりです。 가볍고 싼 스마트폰을 살 생각이에요.

• 冬休_{ふゆやす}みには 家族_{かぞく}と 旅行_{りょこう}に 行_いく つもりです。 겨울 방학에는 가족과 여행을 갈 예정이에요.

• 東京_{とうきょう}には 来週_{らいしゅう}の 月曜日_{げつようび}に 帰_{かえ}る 予定_{よてい}です。 도쿄에는 다음 주 월요일에 돌아갈 예정입니다.

동사의 수동형

다음의 두 문장은 어떻게 다를까요?

> 1 雨が 降る。 비가 내리다.
>
> 2 雨に 降られる。 비를 맞다.

 해설

문장1은 '비가 내리다'라는 의미의 능동형 문장이고, 문장2는 '비에게 내림을 당하다'라고 직역할 수 있는 수동형 문장입니다.

문장1은 '비가 내린다'라는 사실만을 전달하고 있지만, 수동형인 문장2에는 '비가 내려서 비를 맞아 젖는 등의 피해를 입었다'라는 뉘앙스를 담고 있습니다. 아래와 같이 내용을 추가하면 문장2의 의미를 보다 명확히 알 수 있습니다.

雨に 降られて、かぜを ひいた。 비를 맞아서 감기에 걸렸다.

수동 표현은 우리말에 없는 표현이기 때문에 어색하게 느껴지지만 일본에서는 매우 자주 사용합니다.

UNIT 26에서는 동사의 수동형과 용법에 대해 알아보겠습니다.

'수동'은 동작을 받는 입장에서 서술하는 동사입니다. 타인의 행동에 영향을 받을 때나 객관적 사실을 서술할 때 사용합니다.

① 동사의 수동형 활용

1그룹 う단 → あ단 + れる	降る (비·눈이) 내리다	➡	降られる (비·눈을) 맞다
	しかる 혼내다		しかられる 혼나다
	ふむ 밟다		ふまれる 밟히다
	言う 말하다		言われる 말하여지다(~라고 듣다)
2그룹 「る」빼고 + られる	食べる 먹다	➡	食べられる 먹히다(누가 먹다)
	ほめる 칭찬하다		ほめられる 칭찬받다
	いじめる 따돌리다		いじめられる 따돌림을 당하다
3그룹 불규칙 활용	する 하다	➡	される 당하다
	来る 오다		来られる 누가 오다

TIP 기본형의 마지막 글자가 「う」인 1그룹 동사는 「~あれる」가 아닌 「~われる」의 형태가 되므로 주의하세요.

言う 말하다 → 言われる 말하여지다, 일컬어지다

使う 사용하다 → 使われる 사용되다

さそう 권하다 → さそわれる 권유받다

笑う 웃다 → 笑われる 비웃음 당하다

紙は 木から 作られる。 종이는 나무로 만들어진다.

ここは 魚が 多いと 言われる。 여기는 물고기가 많다고 한다.

英語は 世界中で 使われる。 영어는 전 세계에서 사용된다.

山田さんは 先生に しかられた。 야마다 씨는 선생님에게 혼났다.

この 歌は わかい 人に よく 知られて いる。 이 노래는 젊은 사람에게 잘 알려져 있다.

彼に 映画に さそわれた。 그가 영화 보러 가자고 권했다.

日本は 海に かこまれて いる。 일본은 바다로 둘러싸여 있다.

彼は 先生に ほめられました。 그는 선생님에게 칭찬받았습니다.

明日の パーティーに しょうたいされた。 내일 파티에 초대받았다.

② 피해 수동

수동 표현은 상대의 행위 혹은 특정 상황 때문에 '원치 않는 피해를 입었다'라는 의미로 쓰이기도 합니다.

私は ちかてつで 足を ふまれた。 나는 지하철에서 발을 밟혔다.

夜遅く 友だちに 来られて 勉強が できませんでした。
밤늦게 친구가 와서 공부를 할 수 없었습니다.

友だちに 彼からの 手紙を 読まれました。 친구가 그가 (내게) 보낸 편지를 읽었습니다.

弟に すしを 食べられました。 남동생이 (내) 초밥을 먹었습니다.

昨日、雨に 降られて かぜを ひきました。 어제 비를 맞아서 감기에 걸렸습니다.

1 괄호 안에 들어갈 말로 자연스러운 것을 고르세요.

(1) 学校で 先生に (　　　　　)。

① ほめた　　　　② ほめたい　　　③ ほめられた　　④ ほめされた

(2) 母に 日記を (　　　　　)。

① 読む　　　　② 読める　　　③ 読みました　　④ 読まれました

(3) キムさんから 田中先生を しょうかい (　　　　　)。

① うけた　　　　② された　　　③ だった　　　④ になった

(4) 友だちに たんじょうび パーティーに (　　　　　)。

① さそわれた　　② さそわった　　③ さそえた　　④ さそった

(5) 今は ワインが 世界中から ゆにゅう (　　　　　)。

① している　　② されて いる　　③ して　　④ された

2 동사의 수동형을 활용하여 빈칸에 들어갈 말을 일본어로 쓰세요.

(1) 이 책은 많은 사람들이 읽고 있다.

この 本は 多くの 人に ＿＿＿＿＿＿＿＿＿＿＿＿＿ いる。

(2) 어제 회의에서 다음 달의 스케줄이 정해졌다.

昨日の かいぎで 来月の スケジュールが ＿＿＿＿＿＿＿＿＿＿＿＿＿。

(3) 저 집은 100년 전에 지어진 것입니다.

あの 家は 100年前に ＿＿＿＿＿＿＿＿＿＿＿ ものです。

(4) 이것은 옛날부터 전해져 온 축제입니다.

これは むかしから ＿＿＿＿＿＿＿＿＿＿＿ きた まつりです。

(5) 남겨진 시간은 1주일뿐입니다.

＿＿＿＿＿＿＿＿＿＿＿ 時間は 1週間だけです。

3 다음 문장을 일본어로 쓰세요.

(1) 냉장고에 넣어 둔 케이크를 여동생이 먹어 버렸다.

_____。

(2) 전철 안에서 발을 밟혔습니다.

_____。

(3) 우산을 가져가지 않아서 비를 맞았습니다.

_____。

(4) 내가 일곱 살 때 아버지가 돌아가셨다.

_____。

(5) 밤늦게 갑자기 친구가 와서 잠을 못 잤다.

_____。

4 내용을 생각하며 제시된 동사를 수동형으로 바꾸어 대화를 완성해 보세요.

A　これ、この間　①言う　　　　　　もの。

B　ありがとう。うちの ちかくには 売って いなくて…。

A　②たのむ　　　　　　ものじゃ ないけど、これも よかったら

食べて みてね。

✳ 수동 표현이 포함된 예문을 살펴봅시다.

> 大阪城(おおさかじょう)は 400年前(よんひゃくねんまえ)に 建(た)てられたそうです。
> 오사카 성은 400년 전에 세워졌다고 해요.

> ずいぶん 古(ふる)いですね。
> 꽤 오래됐네요.

✳ 어휘력 UP!

수동 표현은 동작의 주체가 불분명한 객관적 사실을 서술하는 데 사용하기도 합니다.

- オリンピックは 来年(らいねん) ここで 開(ひら)かれる 予定(よてい)だ。 올림픽은 내년에 여기에서 열릴 예정이다.

- えまは 神社(じんじゃ)の 決(き)められた ところに かけて おく。 에마는 신사의 정해진 곳에 걸어 둔다.

- 日本(にほん)の なっとうは 韓国(かんこく)でも 売(う)られて いる。 일본의 낫토는 한국에서도 팔리고 있다.

동사의 사역형

다음 두 문장은 어떻게 다를까요?

1 休(やす)んで ください。 쉬어 주세요.(쉬세요)

2 休(やす)ませて ください。 쉬게 해 주세요.

두 문장 모두 상대에게 무언가를 요청하는 「～て ください ~해 주세요」라는 문형을 사용하고 있습니다.

문장2의 「休ませる」는 「休む 쉬다」의 사역형으로 '쉬게 하다'라는 의미입니다. 문장 1이 상대의 건강을 걱정하는 마음으로 쉬라고 말하는 것이라면, 문장2에서는 자신의 건강이 좋지 않으니 쉴 수 있도록 허락해 달라고 요청하고 있습니다.

두 문장의 순서를 바꾸면 몸이 아픈 아르바이트생이 문장2와 같이 말했을 때 고용주가 문장1과 같이 대답하며 허가해 주는 상황의 대화문이라고 생각할 수 있습니다.

UNIT 27에서는 동사의 사역형에 대해 다루어 보겠습니다.

사역형은 상대가 원치 않는 일을 억지로 시키거나 원하는 것을 하게 한다는 의미로 사용하는 동사의 용법으로, '~하게 하다, ~시키다'라고 해석할 수 있습니다.

① 동사의 사역형 활용

1그룹 う단 → あ단 + せる	送る 보내다	➡	送らせる 보내게 하다
	読む 읽다		読ませる 읽게 하다
	行く 가다		行かせる 가게 하다
2그룹 「る」빼고 + させる	食べる 먹다	➡	食べさせる 먹게 하다
	見る 보다		見させる 보게 하다
3그룹 불규칙 활용	する 하다	➡	させる 시키다
	来る 오다		来させる 오게 하다

母は 子どもに 本を 読ませる。 엄마는 아이에게 책을 읽게 한다.

私は 妹に へやの そうじを させた。 나는 여동생에게 방 청소를 시켰다.

子どもに パソコンを 使わせた。 아이에게 컴퓨터를 사용하게 했다.

TIP 기본형의 마지막 글자가 「う」인 1그룹 동사는 「~あせる」가 아닌 「~わせる」의 형태가 되므로 주의하세요.

買う 사다　→　買わせる 사게 하다

使う 사용하다　→　使わせる 사용하게 하다

② 동사 사역형의 관련 문형

✳ **동사의 사역형 + て ください** ~하게 해 주세요

彼(かれ)と 行(い)かせて ください。 그와 가게 해 주세요.

ゆっくり 食(た)べさせて ください。 천천히 먹게 해 주세요.

はやく 家(いえ)に 帰(かえ)らせて ください。 빨리 집에 돌아가게 해 주세요.

✳ **동사의 사역형 + て もらう/いただく** (상대의 허락을 받아 내가) 하겠다

우리말로 직역하면 어색하지만 일본에서는 흔히 사용하는 매우 정중하고 겸손한 표현입니다. 동사의 사역형을 쓰고 있지만 행위의 주체는 말하는 사람이며, 사역형으로 쓰인 기본형의 의미와 같게 해석할 수 있지만 '상대방의 허락·양해 하에 겸손히 ~하겠다'라는 뉘앙스를 가집니다.

考(かんが)えさせて いただきます。 생각해 보겠습니다.

お先(さき)に 帰(かえ)らせて もらいます。 먼저 돌아가겠습니다.

そう させて いただきます。 그렇게 하겠습니다.

ちょっと パソコンを 使(つか)わせて もらえますか。 잠시 컴퓨터를 사용하게 해 주시겠습니까?

TIP 같은 구조의 문장에서 동사가 사역형으로 바뀌면 행동의 주체가 달라집니다.

ここで 待(ま)って もらっても いいですか。
여기서 기다려 주겠습니까? (상대가 기다림)

→ ここで 待(ま)たせて もらっても いいですか。
여기서 기다려도 되겠습니까? (내가 기다림)

1 괄호 안에 들어갈 말로 자연스러운 것을 고르세요.

(1) 学生に 漢字を 一日に 20こずつ (　　　　　　)。

① 書きました 　　② 書けました 　　③ 書かせました 　　④ 書いてました

(2) 毎朝 こうえんで 犬を (　　　　　　)。

① あそびます 　　② あそべます 　　③ あそんでいます 　④ あそばせます

(3) 子どもが 夜おそくまで 帰らないで、おやを しんぱい(　　　　　　)。

① させた 　　② だった 　　③ した 　　④ された

(4) 小学生の 子どもに じぶんで 服を (　　　　　　)。

① 着られた 　　② 着させた 　　③ 着された 　　④ 着せられた

(5) 兄は 弟を (　　　　　　) 母に しかられた。

① 泣いて 　　② 泣かれて 　　③ 泣かないで 　　④ 泣かせて

2 우리말을 참고하여 일본어 문장을 완성하세요.

(1) 친구에게 갑자기 선물을 보내서 놀라게 했다.

友だちに とつぜん プレゼントを 送って _____。

(2) 오늘은 한 시간 빨리 오게 했습니다.

今日は 1時間 はやく _____。

(3) 어머니의 날에는 꽃을 드려서 어머니를 기쁘게 만들자.

母の日には 花を あげて お母さんを _____。

(4) 제가 하게 해 주세요.

私に _____ ください。

(5) 머리가 많이 아파서 오늘은 쉬게 해 주시겠습니까?

頭が とても いたくて、今日は _____いただけますか。

3 다음 문장을 사역 표현을 사용하여 일본어로 쓰세요.

(1)   텔레비전은 숙제가 끝난 후에 보게 합니다.

_____。

(2)   외출하고 와서 바로 샤워하게 했다.

_____。

(3)   여기는 제가 안내하겠습니다.

_____。

(4)   그 사람을 만나게 해 주세요.

_____。

(5)   여기 앉아도 됩니까?

_____。

4 내용을 생각하며 제시된 동사를 사역형으로 바꾸어 대화를 완성해 보세요.

A   子どもが 野菜を 食べなくて…。

B   うちの 子には いつも ジュースに して   ①飲む　　　　います。

A   くだものと いっしょに   ②飲む　　　　んですね。私も やって

みます。

✳ 동사의 사역형이 포함된 예문을 살펴봅시다. ─────────────

✳ **어휘력 UP!** ──────────────────────────────

「着させる」와 「着せる」는 서로 비슷해 보이지만 의미가 다릅니다. 「着させる」는 「着る 입다」의 사역형으로 누군가에게 옷을 입으라고 시킨다는 의미이며, 「着せる」는 누군가에게 '옷을 입히다'라는 사역의 의미를 가지는 타동사입니다.

- 母は 子どもに きものを 着させる。 엄마는 아이에게 기모노를 (스스로) 입도록 시키다.
- 母は 子どもに きものを 着せる。 엄마는 아이에게 기모노를 (엄마가 직접) 입히다.

──────────────────────────────

「着させる」는 상대방이 직접 하게 하는 동사의 사역형이므로 다음 문장처럼 의지가 없는 주체는 주어로 쓸 수 없습니다.

- 子どもは 人形に きものを 着させる。 아이는 인형에게 기모노를 (스스로) 입게 하다. ✗

UNIT 28

동사의 사역 수동형

다음의 문장에서 私의 기분은 어떨까요?

> 私は 母に 野菜を 食べさせられる。
> わたし　はは　　やさい　　　た

이 문장의 핵심은 「食べさせられる」입니다. 복잡해 보이는 동사의 구조를 자세히 살펴봅시다.

$$食べ + させ + られる$$
$$↓　　　↓　　　↓$$
$$먹게　시키다　당하다$$

즉, 어머니에게 먹도록 강요당한다는 의미가 됩니다. 사역 수동은 이처럼 원치 않는 행동을 누군가가 강제하여 하게 함을 나타내는 표현입니다.
UNIT 28에서는 동사의 사역 수동형에 대해서 알아보겠습니다.

사역 수동형은 말 그대로 사역형과 수동형이 결합된 것입니다. 사역은 '~시키다'라는 뜻이고 수동은 '~당하다'라는 의미이므로, 사역 수동은 '누군가가 강제적으로 시켜서 원치 않는 일을 (어쩔 수 없이) 한다'라는 의미가 됩니다. 사역 수동형은 동사의 사역형에 수동의「られる」를 붙이며, 정중형이나 부정형으로 바꿀 때에는 2그룹 동사 활용을 합니다.

① 동사의 사역 수동형

1그룹 う단 → あ단 + せられる	話す 이야기하다	➡	話させられる (어쩔 수 없이) 이야기하다
	飲む 마시다	➡	飲ませられる (어쩔 수 없이) 마시다
	行く 가다		行かせられる (어쩔 수 없이) 가다
2그룹 「る」빼고 + させられる	食べる 먹다	➡	食べさせられる (어쩔 수 없이) 먹다
	見る 보다		見させられる (어쩔 수 없이) 보다
3그룹 불규칙 활용	する 하다	➡	させられる (어쩔 수 없이) 하다
	来る 오다		来させられる (어쩔 수 없이) 오다

TIP 수동형, 사역형과 마찬가지로, 기본형의 마지막 글자가「う」인 1그룹 동사는「〜あせられる」가 아닌「〜わせられる」의 형태가 됩니다.

使う 사용하다　→　使わせられる (어쩔 수 없이) 사용하다

洗う 씻다　→　洗わせられる (어쩔 수 없이) 씻다

子どもは 母に 数学の 勉強を させられる。
아이는 엄마가 시켜서 어쩔 수 없이 수학 공부를 한다.
(아이는 엄마에게 수학 공부 시키는 것을 당하다.)

私は 山田さんに お酒を 飲ませられました。
나는 야마다 씨가 시켜서 어쩔 수 없이 술을 마셨습니다.
(나는 야마다 씨에게 술 마시게 함을 당했습니다.)

みんなの 前で 英語で 話させられました。
(누군가 시켜서) 모두의 앞에서 어쩔 수 없이 영어로 말했습니다.
(모두의 앞에서 영어로 말하게 함을 당했습니다.)

私は 彼女に パーティーに 来させられた。
나는 그녀가 시켜서 억지로 파티에 왔다.
(나는 그녀에게 파티에 오게 함을 당했다.)

私は 彼に 高い 本を 買わせられた。
나는 그가 시켜서 어쩔 수 없이 비싼 책을 샀다.
(나는 그에게 비싼 책 사게 함을 당했다.)

授業中、きょうかしょを 読ませられました。
수업 중에 (선생님이 시켜서) 교과서를 읽었습니다.
(수업 중에 교과서를 읽힘 당했습니다.)

子どもが 自分で 服を 着させられた。
(누군가 시켜서) 아이가 억지로 스스로 옷을 입었다.
(아이가 스스로 옷을 입힘 당했습니다.)

宿題を 忘れて ろうかに 立たせられました。
숙제를 잊어버려서 복도에 세워졌습니다.
(숙제를 잊어버려서 복도에 서 있음을 당했습니다.)

1 괄호 안에 들어갈 말로 자연스러운 것을 고르세요.

(1) にがい 薬を (　　　　　).

① のまれた　　② のまさせた　　③ のませられた　　④ のまさせられた

(2) 電車の じこで、会社まで (　　　　　).

① あるけられた　　　　　　② あるかさせた

③ あるかせられた　　　　　④ あるかさなかった

(3) 重い にもつを (　　　　　) あしこしが いたい。

① はこべさせられて　　　　② はこばせられて

③ はこびされられて　　　　④ はこばれられて

(4) 部屋で ながい間 (　　　　　).

① またせて あげた　② またせてさせた　③ またされられた　④ またせられた

(5) 映画を 見て いろいろ (　　　　　) ことが あった。

① 考えたり　　② 考えようと　　③ 考えたかった　　④ 考えさせられた

2 우리말을 참고하여 일본어 문장을 완성하세요.

(1) 나는 어쩔 수 없이 비싼 가방을 샀다.

私は 高い かばんを ＿＿＿＿＿＿＿＿＿＿＿＿＿＿。

(2) 기한을 지난 도시락은 어쩔 수 없이 모두 버렸습니다.

きげんを 過ぎた べんとうは すべて ＿＿＿＿＿＿＿＿＿＿＿＿。

(3) 이 학교에서는 어쩔 수 없이 학생들이 교복을 입는다.

この 学校では 学生たちは せいふくを ＿＿＿＿＿＿＿＿＿＿＿＿。

(4) 대학 입시가 다가와서 어쩔 수 없이 동아리 활동을 그만두었다.

大学にゅうしが 近づいて クラブかつどうを ＿＿＿＿＿＿＿＿＿＿＿＿。

3 주어진 동사를 사역 수동형으로 활용하여 다음 문장을 일본어로 쓰세요.

(1) 교과서의 15페이지를 읽게 되었습니다. [読む]

_____。

(2) 모두의 앞에서 일본 노래를 불렀습니다. [歌う]

_____。

(3) 여름 방학인데 억지로 매일 학교에 오게 됐습니다. [来る]

_____。

(4) 연말에는 어쩔 수 없이 집의 대청소를 도와준다. [手伝う]

_____。

(5) 손님이 오기 때문에 어쩔 수 없이 식사 준비를 했다. [する]

_____。

4 내용을 생각하며 제시된 동사를 사역 수동형으로 바꾸어 대화를 완성해 보세요.

A　会社 やめたって、ほんとう？

B　そう。今は ゆっくり 休んで いるよ。

A　いつも ざんぎょう　①する　　　　　て いるって 言ったでしょう？

ひどいね。

✳ 동사의 사역 수동형이 포함된 예문을 살펴봅시다.

✳ **어휘력 UP!**

1그룹 동사의 사역 수동형에는 축약 표현이 있어요. 「あ단 + せられる」를 「あ단 + される」로 바꾸면 됩니다. 단, 이렇게 바꾸면 「す」로 끝나는 동사는 「さ」가 중복되어 「さされる」가 되어 버리기 때문에 줄여 쓰지 않습니다.

- お酒を 飲まされる。(=飲ませられる) (어쩔 수 없이) 술을 마신다.
- 高い かばんを 買わされる。(=買わせられる) (어쩔 수 없이) 비싼 가방을 산다.
- いつも 一人で 行かされる。(=行かせられる) (어쩔 수 없이) 항상 혼자서 간다.

176

UNIT
29

가정 조건
표현 Ⅰ

빈칸에 들어갈 표현은 무엇일까요?

_{いち} _に
一に 二を たすと　　A　　に　なる。
1에 2를 더하면 A가 된다.

해설 -

UNIT02에서 조사 「と」는 나열을 나타내는 '~와/과'나 인용을 나타내는 '~라고'의
의미를 가지고 있다고 배웠습니다. 그런데 이 문장에서는 둘 중 어느 쪽으로 해석
해도 문장이 어색해 집니다. 여기에서 「と」는 '~면'이라는 가정의 의미로 해석해야
합니다.

가정 조건 표현이란 논리적으로 연결되는 인과 관계를 나타낸 것을 말합니다.

대표적인 가정 조건 표현으로는 「と」「たら」「なら」「ば」 네 가지가 있고, 각각 사
용 범위나 용법이 조금씩 달라집니다.

UNIT 29에서는 가정 조건 표현 중 「と」와 「たら」에 대해서 알아보겠습니다.

1 AとB

A라면 B다

A라는 조건 하에서는 B 외에 다른 결과가 있을 수 없다는 뉘앙스의 문형입니다. 객관적 사실이나 반복 행위, 습관 등을 나타낼 때 사용합니다.

명사	だ＋と	雨 비	➡	雨だと 비라면(비가 오면)
い형용사	기본형＋と	安い 싸다	➡	安いと 싸면
な형용사	기본형＋と	好きだ 좋아하다	➡	好きだと 좋아하면
동사	기본형＋と	なる 되다	➡	なると 된다면

春に なると、花が 咲く。 봄이 되면 꽃이 핀다.

冬に なると、寒く なります。 겨울이 되면 추워집니다.

右に 曲がると、病院が あります。 오른쪽으로 돌면 병원이 있습니다.

毎年 冬休みに なると アメリカへ 行く。 매년 겨울 방학이 되면 미국에 간다.

父は 朝、起きると かならず 窓を 開けます。 아버지는 아침에 일어나면 꼭 창문을 엽니다.

TIP 가정 조건 표현의 「と」는 주관적인 내용인 의지, 의견, 명령 등의 내용과는 함께 사용하지 않습니다.

桜が 咲くと 花見に 行きたい / 行け / 行かない? ✗
벚꽃이 피면 꽃구경 하러 가고 싶다 / 가! / 가지 않을래?

「と」 뒤로 과거 시제의 내용이 오면, '~하자 ~했다'라는 의미가 됩니다. 이러한 때는 '~면(가정)'이 아닌 '~하자, ~했더니(조건)'라고 해석합니다.

家に 帰ると 友だちが 来て いた。 집에 돌아왔더니 친구가 와 있었다.

② **Aたら B**

A면 B다

「たら」는 앞 문장이 성립한 경우 뒤 문장이 성립된다고 말할 때 주로 사용합니다.「と」와 달리 B에 올 수 있는 표현에 특별한 제한이 없는 편이고, 과거·현재·미래를 모두 가정할 수 있어 네 가지 가정 조건 표현 중에서 가장 넓은 범위에서 사용됩니다.

명사	だっ+たら	雨 비	➡	雨だったら 비라면
い형용사	어간かっ+たら	安い 싸다	➡	安かったら 싸면
な형용사	어간だっ+たら	好きだ 좋아하다	➡	好きだったら 좋아하면
동사	た형+たら	なる 되다	➡	なったら 되면

昨日 雨だったら、家に いたかもしれません。
어제 비가 왔다면 집에 있었을지도 모릅니다. [과거 가정]

安かったら、買いたいです。
싸면 사고 싶습니다. [현재 가정]

これ、好きだったら 食べても いいよ。
이거, 좋아하면 먹어도 돼.

夏休みに なったら、旅行に 行こう。
여름 방학이 되면 여행 가자. [미래 가정]

しけんが 終わったら、いっしょに 映画を 見に 行きませんか。
시험이 끝나면 함께 영화를 보러 가지 않겠습니까?

本を ぜんぶ 読んだら、私に 返して ください。
책을 다 읽으면 저에게 돌려주세요.

無理しないで、今日は もう 帰ったら どうですか。
무리하지 말고 오늘은 이만 돌아가면 어떻습니까?

1 괄호 안에 들어갈 말로 자연스러운 것을 고르세요.

(1) 朝 7時に （　　　　　　） あかるく なる。

① なるから　　　② なっても　　　③ なったり　　　④ なると

(2) まっすぐ （　　　　　　） と こうえんが あります。

① いった　　　② いこう　　　③ いって　　　④ いく

(3) これ （　　　　　） たら 食べても いいよ。

① 好きだ　　　② 好きだっ　　　③ 好きです　　　④ 好きでした

(4) 今日は もう （　　　　　　） たら どうですか。

① 帰る　　　② 帰り　　　③ 帰っ　　　④ 帰って

(5) まわりが （　　　　　） と 勉強できない。

① しずかで　　　② しずかに　　　③ しずか　　　④ しずかじゃない

2 주어진 조건 표현을 활용하여 일본어 문장을 완성하세요.

(1) 시험이 끝나면 영화를 보러 가지 않겠습니까? [たら]

しけんが ＿＿＿＿＿＿＿＿＿＿＿＿＿＿ 映画を 見に 行きませんか。

(2) 추우면 난방을 켜도 돼요. [たら]

＿＿＿＿＿＿＿＿＿＿＿＿＿＿ だんぼうを つけても いいですよ。

(3) 걱정이 된다면 전화해 보세요. [たら]

＿＿＿＿＿＿＿＿＿＿＿＿＿ 電話して みて ください。

(4) 오른쪽으로 돌면 편의점이 있습니다. [と]

右に ＿＿＿＿＿＿＿＿＿＿＿＿ コンビニが あります。

(5) 버튼을 누르면 음료가 나옵니다. [と]

ボタンを ＿＿＿＿＿＿＿＿＿＿＿＿ 飲みものが 出ます。

3 주어진 조건 표현을 활용하여 다음 문장을 일본어로 쓰세요.

(1) 봄이 되면 꽃이 핀다. [と]

_____。

(2) 싸면 사고 싶습니다. [たら]

_____。

(3) 매년 여름 방학이 되면 일본에 갑니다. [と]

_____。

(4) 시험이 끝나면 여행 가자. [たら]

_____。

(5) 잡지를 전부 읽으면 저에게 돌려주세요. [たら]

_____。

4 내용을 생각하며 제시된 동사를 조건 표현으로 바꾸어 대화를 완성해 보세요.

A 今 ①出る　　　　　3時の 電車に 間に合うかな。

B 無理じゃない？

A 私が 30分 はやく ②おきる　　　　よかったよね。ごめん。

❋ 가정 조건 표현이 포함된 예문을 살펴봅시다.

あのう、すみません。この 近<ちか>くに コンビニは ありますか。
저기, 실례합니다. 이 근처에 편의점은 있나요?

コンビニですか。あそこを 右<みぎ>に 曲<ま>がると あります。
편의점이요? 저곳을 오른쪽으로 돌면 있어요.

❋ 어휘력 UP!

가정 표현인 「と」는 당연한 결과를 나타내는 표현이기 때문에 자연 현상이나 원리, 길 안내, 상식 등을 말할 때 주로 사용합니다. 이 밖에도 동사 부정형과 함께 「〜ないと ~하지 않으면」이라고 하면 상대방에게 충고를 하는 뉘앙스로도 쓰입니다.

● はやく しないと 遅刻<ちこく>するよ。
빨리 하지 않으면 지각할 거야.

● ちゃんと 言<い>わないと わかりません。
제대로 말하지 않으면 모릅니다.

182

UNIT 30

가정 조건
표현 Ⅱ

다음 문장은 어떤 의미일까요?

りょこう　　　　　　　に ほん
旅行なら 日本が いいですよ。

여행이라면 일본이 좋습니다.

 해설 -

이 문장의 「なら」도 가정 조건 표현 중 하나입니다. 앞서 나온 주제 등의 한정된 상황에 대한 자신의 생각을 나타낼 때 사용합니다.

UNIT 30에서는 가정 조건 표현 중 「なら」와 「ば」에 대해서 알아보겠습니다.

① Aなら B

> (상대의 말을 받아) **A라면** (내 생각은) **B이다**

대화의 화제에 대한 자신의 생각, 판단, 의지 등을 나타낼 때 사용합니다.

명사	명사 + なら	雨 비	➡	雨なら	비라면(비가 오면)
い형용사	기본형 + なら	安い 싸다	➡	安いなら	싸면
な형용사	어간 + なら	好きだ 좋아하다	➡	好きなら	좋아하면
동사	기본형 + なら	行く 가다	➡	行くなら	간다면

くつを 買うなら、この 店が いいです。
신발을 살 거라면 이 가게가 좋습니다.

日本料理なら、さしみが おいしい。
일본 요리라면 회가 맛있다.

この本、読みたいなら 貸して あげる。
이 책, 읽고 싶다면 빌려 줄게.

A 旅行に 行きたいです。
여행 가고 싶습니다.

B 旅行なら、日本が いちばんです。
여행이라면 일본이 제일입니다.

 **Aば B**

A하면 B한다

'A하면 B한다'라고 하는 필연적인 의미를 나타냅니다. 조건 상 예상 가능한 상황이 두 가지 있는데, 무엇을 선택할지 아직 결정하지 못했을 때 많이 쓰입니다.

い형용사	어간 + ければ	安い 싸다	➡	安ければ 싸면
1그룹	う단 → え단 + ば	行く 가다	➡	行けば 간다면
2그룹	「る」빼고 + れば	見る 보다	➡	見れば 보면
3그룹	불규칙 활용	する 하다 来る 오다	➡	すれば 하면 来れば 오면

安ければ、買います。
싸면 사겠습니다. (싸지 않으면 사지 않겠다)

練習を すれば、上手に なります。
연습을 하면 능숙해집니다. (연습하지 않으면 능숙해지지 않을 것이다)

辞書を ひけば、すぐ 分かります。
사전을 찾으면, 바로 알 수 있습니다. (사전을 찾지 않으면 알 수 없을 것이다)

バスが 来なければ タクシーで 行こう。
버스가 오지 않으면 택시로 가자. (버스가 오면 택시로 가지 않을 것이다)

1 괄호 안에 들어갈 말로 자연스러운 것을 고르세요.

(1) 毎日 練習 (　　　　　　　) 上手に なりますよ。

① して　　　　② しても　　　　③ すれば　　　　④ するば

(2) バスが (　　　　　　　) タクシーで 行きましょう。

① こなければ　　② きないで　　③ こないで　　④ きなければ

(3) 日本に (　　　　　　　) なら ここが おすすめです。

① 行き　　　　② 行か　　　　③ 行って　　　　④ 行く

(4) ねだんが (　　　　　　　) 買います。

① 安いが　　　② 安ければ　　③ 安くても　　④ 安かって

(5) (　　　　　　　) なら ちょっと 手伝って くれない。

① ひまに　　　② ひまな　　　③ ひま　　　　④ ひまだ

2 주어진 조건 표현을 활용하여 일본어 문장을 완성하세요.

(1) 신칸센이라면 1시간이면 도착합니다. [なら]

＿＿＿＿＿＿＿＿＿＿＿＿＿＿＿ 1時間で 着きますよ。

(2) 그 가방 사용하지 않으면 저에게 주세요. [なら]

その かばん ＿＿＿＿＿＿＿＿＿＿＿＿ 私に ください。

(3) 열심히 공부하면 합격할 수 있습니다. [ば]

いっしょうけんめい ＿＿＿＿＿＿＿＿＿＿＿＿ 合格できます。

(4) 열이 있으면 오늘은 쉬는 편이 좋아요. [なら]

ねつが ＿＿＿＿＿＿＿＿＿＿＿＿ 今日は 休んだ ほうが いいですよ。

(5) 돈이 없으면 살 수 없습니다. [ば]

お金が ＿＿＿＿＿＿＿＿＿＿＿＿ 買う ことが できません。

3 주어진 가정 조건 표현을 사용하여 다음 문장을 일본어로 쓰세요.

(1) 이 책, 읽고 싶다면 빌려줄게. [なら]

_____ 。

(2) 도쿄의 경치를 본다면 스카이트리에 올라갑시다. [なら]

_____ 。

(3) 무리라면 오늘이 아니라도 좋다. [なら]

_____ 。

(4) 시간이 있으면 오늘 보내겠습니다.(시간이 없으면 오늘 못 보냅니다.) [ば]

_____ 。

(5) 날씨가 좋으면 공원에서 산책합니다.(날씨가 좋지 않으면 산책하지 않습니다.) [ば]

_____ 。

4 내용을 생각하며 제시된 단어를 조건 표현으로 바꾸어 대화를 완성해 보세요.

A ね、さくらマートに 行かない？ 11 時まで 30 ％ セールだそうよ。

B え、でも ① 11 時 　　　1 時間後だよ。マートは どこに あるの？

A ちかいよ。 ② いそぐ 　　　間に合うと 思う。

어떻게 쓰일까?

❋ 가정 조건 표현이 포함된 예문을 살펴봅시다.

今日の テスト、大丈夫かな。
難しく ないかな。
오늘 시험, 괜찮을까?
어렵지 않을까?

ハナちゃんなら 大丈夫だと 思うよ。
がんばってね。
하나라면 괜찮을 거야.
힘내.

❋ 어휘력 UP! ──────────────────────────────────────

시간이 지나면 자연히 일어날 일이나 당연히 일어날 일에 대해서는 「なら」를 쓸 수 없고, 이 때는 「たら」「ば」「と」를 써야합니다.

● 春が 来るなら 花が さきます。 ✕

● 春が 来たら / 来れば / 来ると 花が さきます。 ◯
봄이 오면 꽃이 핍니다.

UNIT 31

존경 표현

밑줄 친 부분의 의미는 무엇일까요?

> **A** どうぞ <u>めしあがって ください</u>。 어서 드세요.
>
> **B** はい、いただきます。 네, 잘 먹겠습니다.

A의 요청에 대해 B가 「いただきます 잘 먹겠습니다」라고 대답하는 것으로 보아, A의 의미는 「食べて ください 먹어 주세요(먹으세요)」와 비슷한 의미인 것을 알 수 있습니다.

일본어의 경어 표현에는 '존경 표현'과 '겸양 표현' 두 가지가 있습니다. 그중 존경 표현이란 상대방을 높일 때 사용합니다. 「めしあがる」는 존경 표현으로 '드시다'라는 의미의 동사입니다.

UNIT 31에서는 세 가지 존경 표현에 대해서 알아보겠습니다.

① 존경 동사

단어 자체가 존경의 의미를 포함하고 있는 동사입니다. 한 동사가 여러 의미를 가지고 있는 경우도 있습니다.

일반 동사	존경 동사	존경 동사의 정중형
いる/行く/来る 있다/가다/오다	いらっしゃる 계시다/가시다/오시다	いらっしゃいます 계십니다/가십니다/오십니다
言う 말하다	おっしゃる 말씀하시다	おっしゃいます 말씀하십니다
する 하다	なさる 하시다	なさいます 하십니다
見る 보다	ごらんに なる 보시다	ごらんに なります 보십니다
食べる/飲む 먹다/마시다	めしあがる 드시다	めしあがります 드십니다

もしもし、田中先生は いらっしゃいますか。 여보세요. 다나카 선생님은 계십니까?

先生は 何と おっしゃいましたか。 선생님은 뭐라고 말씀하셨습니까?

毎朝 何を なさいますか。 매일 아침 무엇을 하십니까?

かぶきを ごらんに なった ことが ありますか。 가부키를 보신 적이 있습니까?

お口に 合わないかもしれませんが、どうぞ めしあがって ください。
입에 안 맞을지도 모르지만 어서 드세요.

TIP 존경 동사가 있는 동사의 경우, 존경 공식이 아닌 존경 동사를 사용합니다.

お昼ごはんは お食べに なりましたか。 ✗

お昼ごはんは めしあがりましたか。 ○
점심밥은 드셨습니까?

② 존경 공식

✳ **お + 동사 ます형 + になる**
ご + 동작성 명사 + になる ┐ ~하시다

<ruby>社長<rt>しゃちょう</rt></ruby>は お<ruby>帰<rt>かえ</rt></ruby>りに なりました。 사장님께서는 귀가하셨습니다.

これは <ruby>先生<rt>せんせい</rt></ruby>が お<ruby>書<rt>か</rt></ruby>きに なった <ruby>詩<rt>し</rt></ruby>です。 이것은 선생님께서 쓰신 시입니다.

インターネットは お<ruby>部屋<rt>へや</rt></ruby>で ご<ruby>利用<rt>りよう</rt></ruby>に なれます。 인터넷은 방에서 이용하실 수 있습니다.

✳ **お + 동사 ます형 + ください**
ご + 동작성 명사 + ください ┐ ~해 주십시오

ここで <ruby>少々<rt>しょうしょう</rt></ruby> お<ruby>待<rt>ま</rt></ruby>ちください。 여기에서 잠시 기다려 주십시오.

お<ruby>決<rt>き</rt></ruby>まりに なりましたら、お<ruby>呼<rt>よ</rt></ruby>びください。 결정되시면 불러 주십시오.

お<ruby>忘<rt>わす</rt></ruby>れ<ruby>物<rt>もの</rt></ruby>を なさいませんよう、ご<ruby>注意<rt>ちゅうい</rt></ruby>ください。 잊으신 물건이 없도록 주의해 주세요.

✳ **동사 て형 + くださる** ~해 주시다

<ruby>課長<rt>かちょう</rt></ruby>が かわりに <ruby>行<rt>い</rt></ruby>って くださった。 과장님이 대신 가 주셨다.

<ruby>先生<rt>せんせい</rt></ruby>が <ruby>英語<rt>えいご</rt></ruby>を <ruby>教<rt>おし</rt></ruby>えて くださった。 선생님이 영어를 가르쳐 주셨다.

③ 동사의 수동형

동사의 수동형 형태를 존경 동사로도 사용합니다. 일상생활에서 자주 사용되지만 다른 존경 표현보다 존경의 정도가 다소 약합니다.

<ruby>韓国<rt>かんこく</rt></ruby>には いつ <ruby>来<rt>こ</rt></ruby>られますか。 한국에는 언제 오십니까?

<ruby>昨日<rt>きのう</rt></ruby>、ニュース <ruby>見<rt>み</rt></ruby>られましたか。 어제 뉴스 보셨습니까?

<ruby>鈴木先生<rt>すずきせんせい</rt></ruby>は <ruby>朝<rt>あさ</rt></ruby> はやく <ruby>行<rt>い</rt></ruby>かれました。 스즈키 선생님은 아침 일찍 가셨습니다.

1 괄호 안에 들어갈 말로 자연스러운 것을 고르세요.

(1) 先生は 今 きょうしつに (　　　　　)。

① あります　　② おります　　③ ございます　　④ いらっしゃいます

(2) 今日の かいぎでは 社長が あいさつを (　　　　　)。

① もうしました　② まいりました　③ おいでました　④ なさいました

(3) お客さま、お飲み物は 何を (　　　　　) ますか ?

① 食べ　　　② いらっしゃい　③ めしあがり　④ いただき

(4) 先生は 私たちに そう (　　　　　) ました 。

① おっしゃい　　② おっしゃる　　③ もうしあげ　　④ おしゃべり

(5) 本社から 部長が (　　　　　) よていです。

① いらす　　② いらっしゃる　③ きます　　④ きっしゃる

2 주어진 존경 공식을 활용하여 일본어 문장을 완성하세요.

(1) 이건 쓰신 후에 버려 주세요. [お ~に なる]

これは ＿＿＿＿＿＿＿＿＿＿＿ あとで すてて ください。

(2) 어제 백화점에서 명품 가방을 사셨습니다. [お ~に なる]
昨日 デパートで ブランドの かばんを ＿＿＿＿＿＿＿＿＿＿＿。

(3) 어서 이 자리에 앉으세요. [お ~ください]

どうぞ こちらの 席に ＿＿＿＿＿＿＿＿＿＿＿。

(4) 잠시 여기서 기다려 주세요. [お ~ください]

しばらく ここで ＿＿＿＿＿＿＿＿＿＿＿。

(5) 선생님께 말씀하시겠습니까? [お ~に なる]

先生に ＿＿＿＿＿＿＿＿＿＿＿ ?

3 주어진 존경 표현을 활용하여 다음 문장을 일본어로 쓰세요.

(1)　선생님께서 쓰신 책은 반드시 삽니다. [お ～に なる]

_____ 。

(2)　아까 과장님께서 서류를 찾고 계셨다. [존경 동사]

_____ 。

(3)　야마다 선생님은 언제 이사 가십니까? [동사 수동형]

_____ 。

(4)　멋진 옷이네요. 어디서 사셨습니까? [お ～に なる]

_____ 。

(5)　여기서 잠시 기다려 주십시오. [お ～ください]

_____ 。

4 내용을 생각하며 제시된 단어를 존경 표현으로 바꾸어 대화를 완성해 보세요.

A　せんぱい、何時ごろ　①帰る　　　　　　　なりますか。

B　2時くらいに なると 思うよ。あ、今 課長は　②いる　　　　　？

A　課長も まだ　③来る　　　　　いません。

✳ 존경 표현이 포함된 예문을 살펴봅시다. ─────────────

✳ **어휘력 UP!** ─────────────────────────────────

명사, 부사, 형용사 앞에 붙는 접두어 「お/ご」는 상대에 대한 존경의 의미를 나타내거나 말을 부드럽고 품위 있게 하는 역할을 합니다. 기본적으로 「お+고유어(훈독)」, 「ご+한자어(음독)」의 형태로 쓰이지만 예외도 있습니다. 참고로 한자 표기라고 해서 모두 한자어는 아니며, 뜻으로 읽는 훈독이면 고유어입니다. 또 외래어나 조직(대학, 회사 등)의 이름에는 접두어를 붙이지 않아요.

お	+	고유어	お名前 이름　お話 이야기　お仕事 일, 업무　お部屋 방　お手紙 편지 お金 돈
ご	+	한자어	ご心配 걱정　ご連絡 연락　ご家族 가족　ご紹介 소개　ご案内 안내
		예외	お宅 댁　お元気 건강　お料理 요리　お電話 전화 ごゆっくり 천천히, 느긋하게　ごいっしょに 함께, 같이

UNIT

32

겸양 표현

다음 문장은 어떤 상황에서 사용할까요?

> ### はじめまして 田中と 申します。
> 처음 뵙겠습니다. 다나카라고 합니다.
>
> ### どうぞ よろしく お願いします。
> 아무쪼록 잘 부탁드립니다.

이 문장들 속에는 겸양 표현이 포함되어 있습니다. 겸양 표현이란 우리말의 '저희', '여쭈다'와 같이 자신을 낮춤으로써 간접적으로 상대를 높이는 말을 가리킵니다. 이 문장처럼 자기 소개를 하는 상황에서는 처음 만나는 상대방에 대해 나를 낮추어 겸손하게 표현하는 것이 일반적입니다.

UNIT 32에서는 두 가지 겸양 표현에 대해서 알아보겠습니다.

① 겸양 동사

존경 동사와 마찬가지로, 3그룹 동사인 「する」「来る」 및 일부 동사는 특별한 형태의 겸양 동사를 사용합니다.

일반 동사	겸양동사	겸양 동사의 정중형
行く/来る 가다/오다	まいる 가다/오다	まいります 갑니다/옵니다
いる 있다	おる 있다	おります 있습니다
言う 말하다	申す/申し上げる 말하다/말씀드리다	申します/申し上げます 말합니다/말씀드립니다
聞く/おとずれる 듣다/방문하다	うかがう 듣다/방문하다	うかがいます 듣겠습니다/찾아뵙겠습니다
食べる/飲む/もらう 먹다/마시다/받다	いただく 먹다/마시다/받다	いただきます 먹습니다/마십니다/받습니다
する 하다	いたす 하다	いたします 합니다

待って おります。 기다리고 있습니다.

それは 私が いたします。 그것은 제가 하겠습니다.

東京行きの 電車が まいります。 도쿄 행 전철이 옵니다.

私は 韓国から まいりました。 저는 한국에서 왔습니다.

では、私は ラーメンを いただきます。 그럼 저는 라면을 먹겠습니다.

先生に いただいた ケーキ、みんなで 食べよう。 선생님께 받은 케이크, 다 같이 먹자.

TIP '알다'라는 의미의 동사 「分かる」도 겸양 동사 「かしこまる」가 있습니다. 일상생활에서 지시나 주문 등을 받은 후 '잘 알겠습니다'라는 의미로 과거형 「かしこまりました」로 주로 사용합니다.

A すみません。コーヒーください。 실례합니다. 커피 주세요.

B かしこまりました。 알겠습니다.

② 겸양 공식

❋ お ＋ 동사 ます형 ＋ する
ご ＋ 명사 ＋ する ┐ ~해 드리다

お待たせしました。 기다리게 해드렸습니다.(기다리시게 해서 죄송합니다.)

これ、お借りしても いいですか。 이것 빌려도 될까요?

あとで ご連絡します。 나중에 연락하겠습니다.

❋ お ＋ 동사 ます형 ＋ いたす
ご ＋ 동작성 명사 ＋ いたす ┐ ~해 드리다

「する」를 사용한 공식보다 더 겸손한 표현이에요.

メールを お送りいたします。 메일을 보내드리겠습니다.

すぐ お持ちいたします。 바로 가져오겠습니다.

ご案内いたします。こちらへ どうぞ。 안내해 드리겠습니다. 이쪽으로 오세요.

❋ お ＋ 동사 ます형 ＋ いただく
ご ＋ 동작성 명사 ＋ いただく ┐ (상대가) ~해 주시다

정중하고 공손한 말투의 문형으로 '~해주셔서 감사하다'의 느낌이 있어요.

お誘いいただきまして、ありがとうございます。 권해 주셔서 감사합니다.

恐れ入りますが、少々 お待ちいただけますか。 죄송하지만 잠시 기다려 주시겠습니까?

いつも ご利用いただきまして、誠に ありがとうございます。
항상 이용해 주셔서 진심으로 감사드립니다.

1 괄호 안에 들어갈 말로 자연스러운 것을 고르세요.

(1) となりの 人(ひと)から 旅行(りょこう)の おみやげを (　　　　　　　　)。

① あげた　　　　② さしあげた　　③ やった　　　　④ いただいた

(2) あの 人(ひと)の ことは よく (　　　　　　　　)。

① しります　　　② しって おります　③ しって あります　④ しって います

(3) はじめまして。たかはしと (　　　　　　　　)。

① いわれます　　② ぞんじます　　③ もうします　　④ おっしゃいます

(4) どうぞ よろしく お願(ねが)い (　　　　　　)。

① なさいます　　② いたします　　③ いただきます　④ くださいます

(5) 昨日(きのう)、大阪(おおさか)から (　　　　　　　)。

① まいっています　② まいったです　③ まいりました　④ まいりそうです

2 주어진 겸양 공식을 활용하여 일본어 문장을 완성하세요.

(1) 여러분께 알려 드립니다. [お 〜する]

みなさまに ＿＿＿＿＿＿＿＿＿＿＿＿＿＿＿＿＿＿。

(2) 이 가게는 주문을 받고 나서 요리를 만들어 드립니다. [お 〜いたす]

この 店(みせ)は ちゅうもんを うけてから 料理(りょうり)を ＿＿＿＿＿＿＿＿＿＿＿＿＿＿＿＿。

(3) 바로 갖다 드리겠습니다. 잠시만 기다려 주시기 바랍니다. [お 〜する]

すぐ ＿＿＿＿＿＿＿＿＿＿＿＿＿＿＿＿＿。しばらくお待(ま)ちください。

(4) 이 로봇이 질문에 답해 드립니다. [お 〜いたす]

この ロボットが 質問(しつもん)に ＿＿＿＿＿＿＿＿＿＿＿＿＿＿＿＿＿。

(5) 이용해 주셔서 감사합니다. [お 〜いただく]

＿＿＿＿＿＿＿＿＿＿＿＿＿＿＿＿ まして、ありがとうございます。

3 주어진 겸양 표현을 활용하여 다음 문장을 일본어로 쓰세요.

(1) 지난주에 도쿄에서 왔습니다. [겸양 동사]

_____。

(2) 그것은 제가 하겠습니다. [겸양 동사]

_____。

(3) 야마다는 지금 없습니다만…. [겸양 동사]

_____。

(4) 제가 도와 드리겠습니다. [お ～する]

_____。

(5) 잠시 기다려 주시겠습니까? [お ～いただく]

_____。

4 내용을 생각하며 제시된 단어를 겸양 표현으로 바꾸어 대화를 완성해 보세요.

A　お口に　合うか　どうか　分かりませんが、どうぞ　めしあがって　ください。

B　①食べる　　　　　　　　　。これは　何と　言いますか？

A　それは　メンチカツです。ソースを　②かける　　　　　　　　しますね。

✳ 겸양 표현이 포함된 예문을 살펴봅시다. ─────────────

> 上野^{うえ の}先生^{せんせい}、いらっしゃいますか。
> 우에노 선생님, 계신가요?

> 父^{ちち}は 今^{いま} ちょっと 出^でかけて おります。
> 아버지는 지금 잠시 외출하셨어요.

✳ 어휘력 UP! ─────────────

경어는 말하는 사람, 듣는 사람, 대화에 등장하는 인물에 대한 경의를 나타내는 표현 방식으로, 존경 표현과 겸양 표현 외에 정중 표현도 있습니다. 앞에서 배운 「です」와 「ます」가 바로 정중 표현입니다. 정중 표현은 듣는 사람을 대우하는 마음으로 정중하게 말하는 것을 의미합니다.

UNIT
33

접속사

다음 문장에서 접속사를 찾아보세요.

そうじを した。そして ごはんを 食べた。
청소를 했다. 그리고 밥을 먹었다.

접속사는 단어와 단어, 문장과 문장을 이어주는 말입니다.
접속사는 단어의 나열을 정리해 주고 길어질 수 있는 문장을 잘라 자연스럽게 이어
주는 역할을 하기 때문에 일상 회화에서도 자주 사용합니다. 이 문장에서 접속사
는 「そして 그리고」예요. 두 문장은 연결형을 쓰면 다음과 같이 하나로 만들 수도
있습니다.

そうじを して、ごはんを 食べた。 청소를 하고 밥을 먹었다.

UNIT 33에서는 많이 사용하는 접속사에 대해서 알아보겠습니다.

❋ **そして** 그리고

この かばんは 大<small>おお</small>きい。そして 高<small>たか</small>い。
이 가방은 크다. 그리고 비싸다.

私<small>わたし</small>は ピアノを ひいて います。そして 弟<small>おとうと</small>は 新聞<small>しんぶん</small>を 読<small>よ</small>んで います。
나는 피아노를 치고 있습니다. 그리고 남동생은 신문을 읽고 있습니다.

❋ **それから** 그러고 나서

彼<small>かれ</small>は ゆっくり 休<small>やす</small>んだ。それから 仕事<small>しごと</small>を 始<small>はじ</small>めた。
그는 푹 쉬었다. 그러고 나서 일을 시작했다.

いとうさんは おふろに 入<small>はい</small>りました。それから ごはんを 食<small>た</small>べました。
이토 씨는 목욕을 했습니다. 그러고 나서 밥을 먹었습니다.

❋ **それで** 그래서

彼女<small>かのじょ</small>は 風邪<small>かぜ</small>を ひきました。それで 学校<small>がっこう</small>を 休<small>やす</small>みました。
그녀는 감기에 걸렸습니다. 그래서 학교를 쉬었습니다.

日本<small>にほん</small>で はたらく つもりです。それで、日本語<small>にほんご</small>の 勉強<small>べんきょう</small>を 始<small>はじ</small>めました。
일본에서 일할 예정입니다. 그래서 일본어 공부를 시작했습니다.

❋ **それに** 게다가

彼<small>かれ</small>は せが 高<small>たか</small>い。それに 頭<small>あたま</small>も いい。
그는 키가 크다. 게다가 머리도 좋다.

この パンは おいしい。それに とても 安<small>やす</small>い。
이 빵은 맛있다. 게다가 매우 싸다.

この かばんには おかし、パン、それに 飲<small>の</small>み物<small>もの</small>も 入<small>はい</small>って いる。
이 가방에는 과자, 빵, 게다가 음료수도 들어 있다.

❋ **でも / しかし** 그러나, 하지만

数学は おもしろい。でも 難しい。
수학은 재미있다. 그러나 어렵다.

いっしょうけんめい 勉強しました。しかし 分からないことが たくさん
あります。
열심히 공부했습니다. 하지만 모르는 것이 많습니다.

❋ **また** 또한 / **または** 또는, (그게) 아니면

午前中 せんたくを して 午後に、また せんたくを しました。
오전중에 세탁을 하고, 오후에 또 세탁을 했습니다.

電話、または メールで 連絡して ください。
전화 아니면 메일로 연락해 주세요.

❋ **では / じゃ / それでは** 그럼, 그러면

では、また 明日。
그럼 내일 또 (봐요).

じゃ、そろそろ 帰りましょう。
그럼 슬슬 돌아갑시다.

じゃ また 連絡します。
그럼 또 연락하겠습니다.

それでは、今日の 授業は ここまでに します。
그럼 오늘 수업은 여기까지로 하겠습니다.

❋ **だから** 그래서, 그러니까

明日は にちようびです。だから 学校は お休みです。
내일은 일요일입니다. 그래서 학교는 쉽니다.

1 괄호 안에 들어갈 말로 자연스러운 것을 고르세요.

(1) まず 英語を 勉強して (　　　　　　　　) りゅうがく したい 大学を えらぶ。

① でも 　　　　　　② だから 　　　　　　③ それに 　　　　　　④ それから

(2) 頭が いたくて がまん できなかった。(　　　　　　　　) 病院に 行った。

① それで 　　　　　② それと 　　　　　　③ それも 　　　　　　④ それでも

(3) たばこが 体に 悪い ことは 分かって います。(　　　　　　　　) やめられません。

① では 　　　　　　② そして 　　　　　　③ でも 　　　　　　　④ だって

(4) 日本人は こめを 食べる。(　　　　　　　　) それは 日本人だけじゃ ない。

① そして 　　　　　② しかし 　　　　　　③ それで 　　　　　　④ また

(5) 今日は 朝から 雨が 降って いる。(　　　　　　　　) 風も 強く ふいて いる。

① しかし 　　　　　② または 　　　　　　③ では 　　　　　　　④ それに

2 우리말을 참고하여 일본어 문장을 완성하세요.

(1) 오늘은 춥고 게다가 눈도 많이 온다.

今日は 寒くて ＿＿＿＿＿＿＿＿ ゆきも たくさん 降って いる。

(2) 노트 또는 수첩을 준비해 주세요.

ノート ＿＿＿＿＿＿＿＿ てちょうを 準備して ください。

(3) 일하는 여성은 많다. 그러나 일에 만족하는 여성은 적다.

はたらく 女性は 多い。＿＿＿＿＿＿＿＿ 仕事に まんぞくする 女性は 少ない。

(4) 전철도 버스도 움직이지 않는다. 그래서 자전거로 회사에 갔다.

でんしゃも バスも うごかない。＿＿＿＿＿＿＿＿ じてんしゃで 会社に 行った。

(5) 그럼 수업을 시작합시다.

＿＿＿＿＿＿＿＿ 授業を 始めましょう。

3 다음 문장을 일본어로 쓰세요.

(1) 열심히 공부했습니다. 하지만 시험에 떨어졌습니다.

_____。

(2) 샤워를 했다. 그러고 나서 밥을 먹었다.

_____。

(3) 그럼 내일 다시 하자.

_____。

(4) 아르바이트가 있어서 월요일 또는 수요일만 시간이 있어요.

_____。

(5) 한국은 일본과 가깝다. 게다가 음식도 맛있다.

_____。

4 알맞은 접속사를 넣어 대화를 완성해 보세요.

A ①_____、今日は ここまでに します。

B 先生、宿題は 明日 出したら いいですか？

A 明日、②_____ あさってまでに 出して ください。

❀ 접속사가 포함된 예문을 살펴봅시다.

❀ 어휘력 UP!

「そして」와「それから」는 앞 내용에 이어 뒤 내용이 일어남을 가리킨다는 점은 같지만 약간의 뉘앙스 차이가 있습니다.

1
• 友だちの 家に 行った。そして いっしょに 遊んだ。
친구 집에 갔다. 그리고 같이 놀았다.

「そして」 앞뒤의 '친구 집에 갔다'와 '같이 놀았다'를 단순 나열한 것으로 한 일에 대해 설명하는 느낌의 문장입니다.

2
• 手を 洗って、それから ごはんを 食べる。 손을 씻고, 그리고 밥을 먹는다.

「それから」 앞의 '손을 씻다'를 먼저 한 후 뒤의 '밥을 먹는다'는 의미로, 시간의 순서를 강조하는 문장입니다.

확인해 보자

정답

UNIT 01 p.12
명사

1 (1) ③　　(2) ①　　(3) ②

(4) ④　　(5) ①

2 (1) ないです / ありません

(2) で

(3) なかった

(4) でした

(5) です

3 (1) ここは ほんやでは(じゃ) ない。

(2) かのじょは かんこくじんで、かれ
は にほんじんだ。

(3) たなかさんは えいごの せんせい
でした。

(4) これは ともだちの かばんです。

(5) これは にほんごの ほんでは(じゃ)
ないです(ありません)。

4 ① です　　　② で

UNIT 02 p.18
조사

1 (1) ④　　(2) ②　　(3) ①

(4) ②　　(5) ①

2 (1) から

(2) も

(3) へ / に

(4) を

(5) から / ので

3 (1) わたしは まいばん ほんを よむ。

(2) かのじょに はなを あげる。

(3) はじめまして。きむらと いいます。

(4) つくえの うえに かばんが ある。

(5) わたしは にほんから きました。

4 ① と　　　　② は
③ から

UNIT 03 p.24
존재 및 지시 표현

1 (1) ①　　(2) ②　　(3) ④

(4) ②　　(5) ②

2 (1) ある

(2) ない

(3) いない

(4) あれ

(5) これから

3 (1) きょうは バイトが ある。

(2) かばんの なかに ほんと ノートが
ある。

(3) この スカートは どうですか？

(4) わたしは いもうとが ふたり い
る。

(5) すずきさんは どんな スポーツが
すきですか。

4 ① ある   ② どこ

② ここ

UNIT **04**   p.30
い형용사

1 (1) ①   (2) ③   (3) ②

(4) ①   (5) ②

2 (1) いいです

(2) たかく なかったです /
たかく ありませんでした

(3) やすくて

(4) むずかしかった

(5) おもしろい

3 (1) この ケーキは とても おいしい。

(2) ともだちとの りょこうは たのし
かったです。

(3) きょうは てんきが よくて きぶん
が いいです。

(4) その ドラマは おもしろく ない。

(5) いい ニュースと わるい ニュース
が あります。

4 ① おいしかった

② 多くて

③ よかった

UNIT **05**   p.36
な형용사

1 (1) ①   (2) ③   (3) ③

(4) ②   (5) ④

2 (1) きらいだった

(2) しんせつで

(3) きれいです

(4) すきでは(じゃ) ないです /
すきでは(じゃ) ありません

(5) まじめな

3 (1) いちばん すきな にほん りょうり
は なんですか。

(2) かれは サッカーも バスケも じょ
うずです。

(3) この こうえんも むかしは きれい
   では(じゃ) なかったです(ありませ
   んでした)。

(4) ケーキの つくりかたは かんたん
   では(じゃ) ないです(ありません)。

(5) だれも いない きょうしつは とて
   も しずかだった。

4 ① すきです   ② しんせつで
   ③ まじめな

UNIT **06**   p.42
부사

1 (1) ④   (2) ②   (3) ②
   (4) ①   (5) ④

2 (1) とても
   (2) ちょっと
   (3) いつも
   (4) いっしょに
   (5) きっと

3 (1) すうがくは あまり すきでは(じゃ)
      ないです(ありません)。
   (2) やまださんは わたしより ずっと
      せが たかい。
   (3) ちょっと まって。

(4) せんせい、この もんだいは よく
   わかりません。

(5) もう 10じです。

4 ① とても   ② もう
   ③ また

UNIT **07**   p.48
동사

1 (1) ④   (2) ①   (3) ①
   (4) ④   (5) ③

2 (1) いる
   (2) かえる
   (3) みる
   (4) いく
   (5) たべる

3 (1) えきの まえで ともだちを まつ。
   (2) きょう あたらしい くつを かう。
   (3) こどもたちは こうえんで あそぶ。
   (4) にほんは 10がつまで たいふう
      が くる。
   (5) ははに でんわを かける。

4 ① たべる   ② ある

UNIT **08**   p.54
동사의 정중형〔ます형〕

1 (1) ③   (2) ③   (3) ①

    (4) ④   (5) ②

2 (1) いません

    (2) しませんか

    (3) はなしましょう

    (4) あいます

    (5) あそびます

3 (1) よしださんは きょうしつに いま
　　　すか。

    (2) あたらしい パソコンが たかくて
　　　かいませんでした。

    (3) かれは ともだちと いえで ゲーム
　　　を します。

    (4) いっしょに えいごの べんきょう
　　　を しましょう。

    (5) にちようびは がっこうに いきま
　　　せん。

4 ① し   ② あい

UNIT **09**   p.60
동사의 정중형〔ます형〕 문형

1 (1) ①   (2) ②   (3) ③

    (4) ①   (5) ②

2 (1) 食べに

    (2) はなしたい

    (3) つかいかた

    (4) 食べおわりました

    (5) つかいやすいです

3 (1) かのじょは ゆっくり あるきはじ
　　　めました。

    (2) さいきん いそがしくて やすみを
　　　とりにくいです。

    (3) うたを うたいながら そうじを
　　　します。

    (4) がっこうで メールの かきかたを
　　　おそわりました。

    (5) この くつは かるくて はきやすい
　　　です。

4 ① したい   ② 飲みながら

UNIT **10**   p.66
동사의 연결형〔て형〕

1 (1) して

    (2) いそいで

    (3) 食べて

    (4) 来て

    (5) あそんで

    (6) まって

(7) 話して

(8) 行って

(9) かえって

(10) 飲んで

2 (1) いそいで

(2) のって

(3) 来て

(4) 食べて

(5) 見て

3 (1) しんかんせんに のって じっかへ 行きました。

(2) ねつが あって 今日は バイトを 休みました。

(3) 本を よんで 友だちと 話しました。

(4) にちようびに 友だちに 会って かいものを しました。

(5) ここに 名前を 書いて まちます。

4 ① 終わって   ② 行って

UNIT **11**   p.72
동사의 연결형(て형) 문형

1 (1) ②   (2) ③   (3) ③

(4) ①   (5) ④

2 (1) みます

(2) 入れて

(3) わすれて しまいました

(4) 入っては いけません / 入っては だめです

(5) なれて きました。

3 (1) いつも 手を あらってから ごはんを 食べます。

(2) ここで 写真を とっては いけません。

(3) ケーキを 一人で ぜんぶ 食べて しまった。

(4) まどを あけても いい(よ)。

(5) 小さい こえで 話して ください。

4 ① 出しても   ② もって きます

UNIT **12**   p.78
자동사와 타동사

1 (1) 자동사   (2) 자동사

(3) 타동사   (4) 타동사

(5) 타동사   (6) 타동사

(7) 타동사   (8) 자동사

(9) 타동사   (10) 타동사

2 (1) 出<small>だ</small>しました

(2) 入<small>い</small>れて

(3) 始<small>はじ</small>まります

(4) 始<small>はじ</small>めます

(5) 開<small>あ</small>けました

3 (1) 新学期<small>しんがっき</small>には ノートパソコンが
よく 売<small>う</small>れる。

(2) 山田<small>やまだ</small>さん、さいふが 落<small>お</small>ちました。

(3) 今日<small>きょう</small>は 7時<small>しちじ</small>に 仕事<small>しごと</small>が 終<small>お</small>わりました。

(4) 私<small>わたし</small>は まいあさ ごぜん 6時<small>ろくじ</small>に 起<small>お</small>きます。

(5) あついから まどを 開<small>あ</small>けましょう。

4 ① 開<small>あ</small>けても   ② 入<small>はい</small>って

UNIT **13**   p.84
진행

1 (1) ③   (2) ④   (3) ①

(4) ③   (5) ①

2 (1) 来<small>き</small>て います

(2) 読<small>よ</small>んで います

(3) 走<small>はし</small>って います

(4) 見<small>み</small>て います

(5) 止<small>と</small>まって います

3 (1) 毎日<small>まいにち</small> 日本語<small>にほんご</small>を 勉強<small>べんきょう</small>して います。

(2) カフェで コーヒーを 飲<small>の</small>んで います。

(3) 上田<small>うえだ</small>さんは 中学校<small>ちゅうがっこう</small>で 日本語<small>にほんご</small>を おしえて います。

(4) 友<small>とも</small>だちと 電話<small>でんわ</small>で 話<small>はな</small>して います。

(5) しゅうまつは いつも としょかんに 行<small>い</small>って います。

4 ① して います   ② 寝<small>ね</small>て いる

UNIT **14**   p.90
상태

1 (1) ②   (2) ①   (3) ②

(4) ②   (5) ①

2 (1) 落<small>お</small>ちて いる

(2) 入<small>はい</small>って います

(3) 来<small>き</small>て います

(4) 止<small>と</small>まって いる / 止<small>と</small>めて ある

3 (1) ここに 名前<small>なまえ</small>が 書<small>か</small>いて あります。

(2) つくえの 上<small>うえ</small>に スマホが おいて ある。

(3) キムさんは めがねを かけて いる。

(4) この まどは いつも 開<small>あ</small>いて いる。

(5) 山田<small>やまだ</small>さんは 結婚<small>けっこん</small>して います。

4 着(き)て いる

UNIT 15   p.96
동사의 과거형(た형)

1 (1) 食(た)べた   (2) いそいだ
  (3) 遊(あそ)んだ   (4) 来(き)た
  (5) 話(はな)した   (6) 待(ま)った
  (7) 帰(かえ)った   (8) 行(い)った
  (9) 入(い)れた   (10) 飲(の)んだ

2 (1) 待(ま)った
  (2) 来(き)た
  (3) 返(かえ)した
  (4) いそいだ
  (5) 終(お)わった

3 (1) ニュースで 聞(き)いた。
  (2) ここには 大(おお)きい 木(き)が あった。
  (3) ごはんを 食(た)べてから くすりを
     飲(の)んだ。
  (4) もうしこみしょに 名前(なまえ)と 住所(じゅうしょ)、
     電話番号(でんわばんごう)を 書(か)いた。
  (5) 今日(きょう)は あつい コートを 着(き)た。

4 ① 寝(ね)た   ② 起(お)きた
  ③ した

UNIT 16   p.102
동사의 과거형(た형) 문형

1 (1) ③   (2) ②   (3) ②
  (4) ①   (5) ③

2 (1) 行(い)った ほうが いいです
  (2) 休(やす)んだ ほうが いいです
  (3) 見(み)たり / 読(よ)んだり
  (4) 勉強(べんきょう)した ほうが いいです
  (5) 買(か)った ばかり

3 (1) ソースを 入(い)れた あとで まぜて
     ください。
  (2) 日本語(にほんご)で メールを 書(か)いた ことが
     ある。
  (3) もう ちょっと 待(ま)った ほうが
     いいです。
  (4) 昨日(きのう)は 家(いえ)で そうじを したり
     テレビを 見(み)たり しました。
  (5) かぜを ひいて いっしゅうかんも
     学校(がっこう)を 休(やす)んだ ことが あります。

4 ① 行(い)った こと   ② 入(はい)ったり
  ③ したり

UNIT 17 p.108
동사의 부정형(ない형)

1 (1) ③　　(2) ①　　(3) ④

　　(4) ③　　(5) ①

2 (1) 使わない

　　(2) 読まない

　　(3) いない

　　(4) ない

　　(5) いない

3 (1) いらない ものは 買わない。

　　(2) 今日は 家に 帰らない。

　　(3) さいきん 彼女から メールが 来ない。

　　(4) 明日からは ちこくしない。

　　(5) 学生も 休みには せいふくを 着ない。

4 ① 終わらない　　② わからない

UNIT 18 p.114
동사의 부정형(ない형) 문형

1 (1) ②　　(2) ④　　(3) ③

　　(4) ①　　(5) ①

2 (1) しない ほうが いい

　　(2) 書かなくても いい

　　(3) 着かなければ ならない /

　　　　着かなくては いけない

　　(4) すわないで

　　(5) わからなくて

3 (1) この もんだいは 本を 見ないで 答えて ください。

　　(2) 入学式は 両親と いっしょに 来なくても いい。

　　(3) かぜの 時は おふろに 入らないで ください。

　　(4) 3がいまでは かいだんを 使わなければ なりません(なくては なりません / なくては いけません)。

　　(5) そんなに たくさん 食べない ほうが いい。

4 とらないで

UNIT 19 p.120
전언 표현

1 (1) ③　　(2) ①　　(3) ③

　　(4) ④　　(5) ①

2 (1) よくないと 聞いた

　　(2) 休むって

　　(3) やめる そうです

　　(4) 降る そうです

215

(5) 結婚すると 聞きました

3 (1) 大阪には おいしい 料理が 多いと
聞きました。

(2) 田中さんは 今日 学校に 来ないっ
て。

(3) 「まねきねこ」って？

(4) 山田さんは しけんに 合格した
そうです。

(5) 彼は 韓国で 有名な かしゅだそう
だ。

4 ① 来ない   ② 聞いた

UNIT **20**   p.126
추측 표현

1 (1) ③   (2) ①   (3) ④

  (4) ④   (5) ②

2 (1) 日本人の ようです

(2) はやいようだ

(3) 降りそうだ

(4) 好きみたいだ

(5) おいしいらしい

3 (1) 明日の 天気は 雨のようだ。

(2) この レストランは おいしいが、
高そうだ。

(3) 去年は 5月に ゆきが 降ったよう
だ。

(4) 山田さんの むすめは お父さんよ
り せが 高いみたいだ。

(5) 今日は 時間が ないようです。
明日 また やりましょう。

4 ① おいし   ② おいしい

UNIT **21**   p.132
명령 표현

1 (1) ③   (2) ①   (3) ④

  (4) ②   (5) ③

2 (1) 待って

(2) 寝なさい

(3) 切れ

(4) 書きなさい

(5) すてるな

3 (1) 毎日 1時間 本を 読みなさい。

(2) 車より はやい。電車に 乗って
来い / 来て。

(3) ドアの 前に 立って いろ。

(4) ここに 住所と 名前を 書け / 書い
て。

(5) これは だれにも 話すな。

4 ① おきなさい / おきて

② しなさい / して / しろ

UNIT **22** p.138
수수 동사(주다)

1 (1) ④ (2) ④ (3) ②

(4) ① (5) ②

2 (1) くれた

(2) さしあげました

(3) 教えて ください

(4) 貸して あげました

(5) くれました / くださいました

3 (1) 妹の しゅくだいを 手伝って
あげた。

(2) 彼が 私に きれいな 花を くれた。

(3) 母は いつも おいしい 料理を
作って くださる。

(4) 友だちに かさを 貸して あげた。

(5) 田中さんが 京都を 案内して くれ
ました。

4 ① あげ ② あげ / さしあげ

UNIT **23** p.144
수수 동사(받다)

1 (1) ① (2) ③ (3) ②

(4) ① (5) ③

2 (1) もらいました / いただきました

(2) 買って もらいました

(3) 見て いただきました

(4) もらえますか

(5) 言って いただけませんか

3 (1) 知らない 人から メールを もらっ
た。

(2) 少し 待って もらえますか。

(3) 友だちに 誕生日 プレゼントを も
らった。

(4) 先生に 学校を 案内して いただき
ました。

(5) 店員に 使い方を 説明して もらい
ました。

4 ① いただけ

② もらえる / もらえない

UNIT **24**   p.150
가능 표현

1 (1) ③   (2) ③   (3) ①

    (4) ②   (5) ④

2 (1) 買_かえる

    (2) 話_{はな}せますか

    (3) 飲_のめない

    (4) 乗_のれます

    (5) 会_あえました

3 (1) レストランの 前_{まえ}で 1時間_{いちじかん} 待_まって
      食_たべる ことが できた / 食_たべられ
      た。

    (2) 一人_{ひとり}で きものを 着_きる ことが で
      きます / 着_きられます。

    (3) 明日_{あした}も 来_くる ことが できますか /
      来_こられますか。

    (4) ひこうきの チケットも パソコン
      で よやくする ことが できる / よ
      やくできる。

    (5) 自転車_{じてんしゃ}に 乗_のって 15分_{じゅうごふん}で 来_くる
      ことが できます / 来_こられます。

4 ① 食_たべる   ② 食_たべ

UNIT **25**   p.156
동사의 의지형

1 (1) ④   (2) ①   (3) ③

    (4) ③   (5) ②

2 (1) 行_いこう

    (2) 旅行_{りょこう}しよう

    (3) 留学_{りゅうがく}しよう

    (4) やろう

    (5) 行_いこう

3 (1) サインを もらおうと 思_{おも}って 1時_{いちじ}
      間_{かん} 前_{まえ}に 来_きました。

    (2) 一度_{いちど} 話_{はな}して みようと 思_{おも}って
      います。

    (3) そろそろ 帰_{かえ}ろうと して います。

    (4) 誕生日_{たんじょうび}に タブレットを 買_かって
      あげよう。

    (5) ここに すわろう。

4 ① 行_いこう   ② たすけよう

UNIT **26**   p.162
동사의 수동형

1 (1) ③   (2) ④   (3) ②

    (4) ①   (5) ②

2 (1) 読^よまれて

(2) 決^きめられた

(3) 建^たてられた

(4) 伝^{つた}えられて

(5) のこされた

3 (1) れいぞうこに 入^いれて おいた

　　　ケーキを いもうとに 食^たべられて

　　　しまった。

(2) 電車^{でんしゃ}の 中^{なか}で 足^{あし}を ふまれました。

(3) かさを 持^もって いかなくて 雨^{あめ}に

　　　降^ふられました。

(4) 私^{わたし}が 7^{なな}さいの 時^{とき}、父^{ちち}に 死^しなれた。

(5) 夜遅^{よるおそ}く きゅうに 友^{とも}だちに 来^こられ

　　　て ねむれなかった。

4 ① 言^いわれた　　② たのまれた

UNIT 27　　　　　　　　p.168
동사의 사역형

1 (1) ③　　(2) ④　　(3) ①

(4) ②　　(5) ④

2 (1) おどろかせた / びっくりさせた

(2) 来^こさせました

(3) よろこばせよう

(4) やらせて

(5) やすませて

3 (1) テレビは 宿題^{しゅくだい}が 終^おわった あと

　　　で 見^みさせます。

(2) 出^でかけて きて すぐ シャワーを

　　　させた。

(3) ここは 私^{わたし}が 案内^{あんない}させて いただき

　　　ます。

(4) あの 人^{ひと}に 会^あわせて ください。

(5) ここに 座^{すわ}らせて もらっても いい

　　　ですか。

4 ① 飲^のませて　　② 飲^のませる

UNIT 28　　　　　　　　p.174
동사의 사역 수동형

1 (1) ③　　(2) ③　　(3) ②

(4) ④　　(5) ④

2 (1) 買^かわせられた

(2) すてさせられました

(3) 着^きさせられる

(4) やめさせられた

3 (1) きょうかしょの 15 ページを

　　　読^よませられました。

(2) みんなの 前^{まえ}で 日本^{にほん}の 歌^{うた}を 歌^{うた}わ

　　　せられました。

(3) 夏休^{なつやす}みなのに 毎日^{まいにち} 学校^{がっこう}に 来^こさせ
られました。

(4) ねんまつは 家^{いえ}の おおそうじを
手伝^{てつだ}わせられる。

(5) お客^{きゃく}さんが 来^くるので、しょくじの
じゅんびを させられた。

4 ① させられ

UNIT **29**　　　　　　p.180
가정 조건 표현I

1 (1) ④　　(2) ④　　(3) ②

(4) ③　　(5) ④

2 (1) 終^おわったら

(2) 寒^{さむ}かったら

(3) 心配^{しんぱい}だったら

(4) 曲^まがると

(5) おすと

3 (1) 春^{はる}に なると、花^{はな}が さく。

(2) 安^{やす}かったら 買^かいたいです。

(3) 毎年^{まいとし} 夏休^{なつやす}みに なると、日本^{にほん}へ
行^いきます。

(4) しけんが 終^おわったら 旅行^{りょこう}に 行^いこ
う。

(5) ざっしを 読^よみおわったら(ぜんぶ
読^よんだら) 私^{わたし}に 返^{かえ}して ください。

4 ① 出^でると / 出^でたら

② おきたら

UNIT **30**　　　　　　p.186
가정 조건 표현II

1 (1) ③　　(2) ①　　(3) ④

(4) ②　　(5) ③

2 (1) しんかんせんなら

(2) 使^{つか}わないなら

(3) 勉強^{べんきょう}すれば

(4) あるなら

(5) なければ

3 (1) この 本^{ほん} 読^よみたいなら 貸^かして あ
げる。

(2) 東京^{とうきょう}の けしきを 見^みるなら スカイ
ツリーに のぼりましょう。

(3) 無理^{むり}なら 今日^{きょう}じゃ なくても い
い。

(4) 時間^{じかん}が あれば 今日^{きょう} 送^{おく}ります。

(5) 天気^{てんき}が よければ 公園^{こうえん}で さんぽし
ます。

4 ① 11 時^{じゅういちじ}なら　　② いそげば

UNIT 31 p.192
존경 표현

1 (1) ④　　　(2) ④　　　(3) ③

　　(4) ①　　　(5) ②

2 (1) お使いに なった

　　(2) お買いに なりました

　　(3) お座りください / おかけください。

　　(4) お待ちください

　　(5) お話しに なりますか

3 (1) 先生が お書きに なった 本は 必

　　　ず 買います。

　　(2) さっき 課長が しょるいを 探して

　　　いらっしゃった。

　　(3) 山田先生は いつ ひっこされます

　　　か。

　　(4) すてきは ふくですね。どこで

　　　お買いに なりましたか。

　　(5) ここで 少々 お待ち ください。

4 ① お帰りに

　　② いらっしゃる

　　③ 来られて / いらっしゃって

UNIT 32 p.198
겸양 표현

1 (1) ④　　　(2) ②　　　(3) ③

　　(4) ②　　　(5) ③

2 (1) お知らせします

　　(2) お作りします

　　(3) お持ちします

　　(4) お答えいたします

　　(5) ご利用いただき

3 (1) 先週 東京から まいりました。

　　(2) それは 私が いたします。

　　(3) 山田は 今 おりませんが…。

　　(4) 私が お手伝いします。

　　(5) 少々 お待ちいただけますか。

4 ① いただきます　② おかけ

UNIT 33 p.204
접속사

1 (1) ④　　　(2) ①　　　(3) ③

　　(4) ②　　　(5) ④

2 (1) それに

　　(2) または

　　(3) でも / しかし

　　(4) それで / だから

(5) では / それでは / じゃ

3 (1) いっしょうけんめい 勉強しまし
た。でも(しかし) しけんに おちま
した。

(2) シャワーを あびた。それから ご
はんを 食べた。

(3) じゃ(では / それでは)、明日 また
やろう。

(4) バイトが あって、げつようび ま
たは すいようびだけ 時間が あり
ます。

(5) 韓国は 日本と 近い。それに 食べ
物も おいしい。

4 ① では / それでは / じゃ

② または

착! 붙는 일본어 문법

초판 발행	2018년 3월 5일
개정판 발행	2024년 10월 15일
개정 1판 2쇄	2024년 12월 20일

저자	장재은
펴낸이	엄태상
책임 편집	오은정, 조은형, 김성은, 무라야마 토시오
디자인	권진희
일러스트	eteecy(표지), 정은혜(내지)
조판	이서영
콘텐츠 제작	김선웅, 장형진
마케팅	이승욱, 왕성석, 노원준, 조성민, 이선민
경영기획	조성근, 최성훈, 김다미, 최수진, 오희연
물류	정종진, 윤덕현, 신승진, 구윤주

펴낸곳	시사일본어사(시사북스)
주소	서울시 종로구 자하문로 300 시사빌딩
주문 및 교재 문의	1588-1582
팩스	0502-989-9592
홈페이지	www.sisabooks.com
이메일	book_japanese@sisadream.com
등록일자	1977년 12월 24일
등록번호	제 300-2014-92호

ISBN 978-89-402-9432-1(13730)

＊ 이 교재의 내용을 사전 허가없이 전재하거나 복제할 경우 법적인 제재를 받게 됨을 알려 드립니다.

＊ 잘못된 책은 구입하신 서점에서 교환해 드립니다.

＊ 정가는 표지에 표시되어 있습니다.